RIR É O MELHOR NEGÓCIO

RIR É O MELHOR NEGÓCIO

Julia Alonso
Marina Vidigal

Trabalhe menos, brinque mais e aumente sua produtividade

editora Original

SUPERVISÃO EDITORIAL Marcelo Duarte

ASSISTENTE EDITORIAL Tatiana Fulas

PROJETO GRÁFICO Luciana Porto Alegre Steckel

DIAGRAMAÇÃO Divina Rocha Corte

CONSULTORIA Marcos Piccini

PREPARAÇÃO Andréa Medeiros

REVISÃO Ana Maria Barbosa
Cristiane Goulart
Telma Baeza G. Dias

CIP-BRASIL CATALOGAÇÃO NA FONTE
SINDICATO NACIONAL DOS EDITORES DE LIVROS, RJ.

Alonso, Julia
Rir é o melhor negócio
/ Julia Alonso e Marina Vidigal. – 1.ed. – São Paulo : Original, 2006

1. Humor – Psicologia. 2. Qualidade de vida no trabalho – 3. Relações humanas.

06-1752. CDD 158.2
CDD 159.942.53

2006

Editora Original Ltda.
Rua Lisboa, 502 • 05413-000 • São Paulo – SP
Tel.: (11) 3088 8444 • Fax: (11) 3063 4998
edoriginal@pandabooks.com.br
www.pandabooks.com.br

A todos que reconhecem ser
possível encontrar no trabalho
um caminho de crescimento, felicidade
e realização pessoal.

Com o desejo de que consigam mostrar
suas idéias e influenciar
positivamente quem encara
o dia-a-dia profissional com pesar.

SUMÁRIO

PREFÁCIO

Quando fui convidado por Julia Alonso para escrever o prefácio de sua primeira aventura pelo mundo da literatura como reflexo de sua experiência, fiquei me questionando sobre as principais razões não verbalizadas por ela, que a levaram a realizar o convite.

Dias mais tarde, ao ter finalizado a leitura de sua obra, talvez tenha percebido um pouco melhor suas identificações pessoais com alguém que quisesse ter como crítico deste seu primeiro trabalho. Diferentemente do que verbalizou ao convidar-me "*considero que você conhece muito da minha trajetória profissional e de minhas opiniões sobre certos valores e comportamentos...*", acredito agora que algumas nuanças de seus comentários e opiniões pessoais aqui expressos ora foram manifestados em momentos que trabalhamos juntos, ora foram ensinados a mim por seu comportamento condizente com seu discurso — o que chamo de integridade.

Lembrei-me de quando realizávamos seleção de jovens talentos para *trainees* de uma multinacional para a qual eu trabalhava... Das várias passagens por aeroportos e seus estresses típicos com vôos atrasados ou, pior ainda, perdidos por nossa culpa e atraso — eu, um "junior executive" esbravejando, suando e soltando algumas mentirinhas nos balcões das companhias aéreas, acreditando que voz alta e comando acelerariam milhas áereas... Julia, calma como um monge tibetano, assistindo de perto àquele comportamento típico de um estressado profissional. Já rimos muito com isso... Melhor ainda, aprendi muito com tudo isso, com a sorte de ter ali no cenário do meu mau humor improdutivo, alguém que com poucas palavras do tipo *"resolveu alguma coisa? Será que produziu o efeito desejado ou somente lhe trouxe dor de cabeça?"* foi capaz de provocar reflexões significativas — não naquele momento obviamente, mas anos depois.

Acho que esta é a proposta de **Rir é o melhor negócio**: incentivar o leitor a refletir e a se transformar pouco a pouco, se assim o leitor o quiser. Nenhum aprendizado se concretiza com uma única palavra ou ensinamento dito de uma só vez — principalmente quando se fala de mudança de comportamento ou atitude. As mudanças se instalam talvez porque nós vemos, ouvimos e observamos criticamente outras histórias e experiências de outras pessoas repetidamente e, entre um relato e outro, passamos um filme de situações similares em nossas mentes, fazendo as comparações com nossas próprias situações, secretamente. Algumas vezes ficamos felizes com a comparação e achamos estar no caminho certo. Em outras temos um simples "click" — psicólogos como Julia chamariam isso de "insight" — e, simplesmente mudamos ou começamos a observar a capacidade de mudar pouco a pouco. A graça nisso tudo é que, normalmente, o que achamos que precisa ser mudado é o mais óbvio possível, falado e repetido milhões de vezes à nossa volta, racionalizado e aceito como o padrão correto, mas não sentido, não vivido, não praticado.

Em várias passagens do livro, ora com o chapéu de um líder, ora com o chapéu de um gestor de uma área de Recursos Humanos, fui capaz de ter vários "clicks" (não sou psicólogo, okay?), já discutidos racionalmente em vários momentos de minha vida profissional, mas que hoje, exatamente com aquele profissional em específico ou com aquele problema organizacional para ser resolvido, me esqueci de aplicar. Passei meus filmes secretos, sim.

Mas talvez a melhor diversão que tive nestas páginas foi a de relembrar e valorizar a forte capacidade que cada um tem de poder escolher ou produzir seu ambiente preferido para trabalhar, relacionar-se e investir tempo e conhecimento. E, ainda por cima, ganhar dinheiro para isso... Existe algo melhor?

Não se trata de um livro de auto-ajuda. Não se pode esperar alcançar o nirvana do bom humor na última página... Todos temos nossos dias ruins (eu mesmo já vi Julia descabelando-se no trabalho e, confesso, fiquei preocupado... Risos).

O livro também não se propõe a cumprir um papel de ousadia literária, mas, ao contrário, traz relatos e reflexões em linguagem simples, recheado também de antigos e novos conhecimentos reais e científicos sobre os efeitos do comportamento positivista, bem-humorado e saudável no dia a dia profissional e pessoal. Nas suas opiniões nada há em excesso, pois humor em excesso também nos incomoda e não produz.

Tanto para jovens iniciantes na carreira profissional, quanto para líderes de equipes e empresas, as informações que se encontram aqui poderão provocar reflexões e início de mudanças importantes para enfrentar os anos à nossa frente: alta competitividade intelectual, alta velocidade de mudanças e muito pouco tempo para nossa própria existência como deveríamos vivê-la.

Se é possível incorporar parte das experiências aqui oferecidas neste cenário enlouquecedor do mundo empresarial, de maneira feliz para cada um, por que não tentá-lo agora?

Reinaldo Barranco
Diretor de Recursos Humanos

APRESENTAÇÃO

Ao longo de quase vinte anos de experiência profissional, o humor sempre teve um papel decisivo quanto às minhas impressões e atitudes. Em 1988, tive a sorte de ingressar no mercado como estagiária da Ford, no departamento de Higiene e Segurança do Trabalho, chefiado por Celso Massaini, pessoa extremamente bem-humorada e positiva, que se tornou um grande amigo. Nossa equipe tomava grandes decisões e tinha muito trabalho, mas nosso dia-a-dia era sempre fácil e leve, graças ao clima otimista no qual vivíamos. Éramos bem-humorados, tínhamos muita disposição e motivação. Mesmo trabalhando em uma área bem distinta da minha especialidade (com formação em Psicologia e, na época, ainda cursando a faculdade), eu adorava o que fazia.

A deliciosa vivência na Ford durou cerca de dois anos, e aquela maneira descontraída de trabalhar tornou-se meu ideal profissional. Ao sair de lá, porém, descobri que tal realidade não se refletia em todo o mercado. Em meu segundo emprego, uma empresa de arquitetura e construção civil, o clima era, ao contrário, bastante negativo e desprovido de qualquer preocupação com o bom humor, o relacionamento e o envolvimento entre os funcionários. Eu fazia seleção de RH, algo que se aproximava bem mais de minha especialidade, mas vivia insatisfeita. Era chocante como o clima me contaminava! Em pouco tempo comecei a me ver sem alegria nem entusiasmo para o trabalho. Embora tivesse um ritmo de vida bem mais tranqüilo do que na Ford (quando trabalhava o dia todo e fazia faculdade à noite), passei a viver desanimada, já que acordava de mau humor e sem vontade de sair para trabalhar.

A partir dessa segunda — e desastrosa — experiência profissional, seguiram-se algumas melhores e outras piores, que me fizeram compreender exatamente o que eu buscava na carreira. Como sempre estive ligada a departamentos de RH, trabalhei com treinamento de pessoal e consultoria em recrutamento e seleção, tive a oportunidade de prestar muita atenção na filosofia das empresas com as quais me envolvi e no comportamento de dirigentes e funcionários. Passei pelo Pão de Açúcar e por uma série de empresas de consultoria de RH, que foram realmente grandes escolas.

Considero, porém, que meu verdadeiro amadurecimento profissional se concretizou em 2004, quando me dei conta de que para produzir bem e me satisfazer no trabalho eu precisava ser feliz diariamente. No papel de funcionária, supervisora ou empreendedora, vi que para mim era fundamental estar cercada de pessoas de bem com a vida, além de ter uma rotina alegre, independentemente das pressões e dificuldades do ofício.

Em 2004, então, me associei a Rosa Pizcioneri Alonso para criar a Só Talentos, uma empresa de consultoria em RH. Além de minha cunhada, Rosa é uma profissional admirável, extremamente bem-humorada e com quem eu já havia trabalhado por cinco anos. Hoje, prestamos serviços de contratação, treinamento de gestores e *trainees* e, entre os valores da empresa, decidimos incluir o bom humor. Quando apresentamos nossa filosofia para novos clientes, é comum que nos peçam para falar mais sobre esse aspecto, questionando o porquê de termos incluído o humor entre nossos valores.

Minha justificativa é simples. Vejo o humor e o estado de espírito como a base da satisfação e da motivação das pessoas, independentemente de sua área de atuação ou cargo. Dou muitas palestras em universidades e me realizo quando posso dizer para quem quiser ouvir que "sim, é possível ser feliz no trabalho". Sei que isso é viável, que ambientes bem-humorados e produtivos são absolutamente compatíveis — e acho fantástico poder divulgar esse conceito. Sendo assim, para quem está começando, para quem já ocupa cargos de chefia ou mesmo para os que sofrem com supervisores ranzinzas, espero passar um pouquinho de minhas experiências e impressões sobre esse valor tão relevante, simples e realizável no mundo profissional.

Foi por essas e outras que, quando a jornalista Marina Vidigal me convidou para uma parceria nesta obra, meu interesse foi imediato. Espero que o livro revele a importância do bom humor a todos os interessados e forneça instrumentos para que vocês, leitores, trilhem rumo a esse caminho. Que cada um persiga (e encontre!) a felicidade no dia-a-dia profissional. Sorriam todos e boa leitura!

Julia Alonso

INTRODUÇÃO

"Trabalhe menos, brinque mais e dessa forma aumente sua produtividade no trabalho." A recomendação, um tanto exótica para a época, foi publicada na revista *Psychology Today*, no final da década de 1980, em artigo redigido por T. George Harris e Robert Trotter. Nela, os autores argumentavam que, no ambiente profissional, a brincadeira e a fantasia poderiam ser a base da eficiência, e que o clima interno descontraído gerava funcionários satisfeitos, motivados e capazes de produzir resultados melhores.

Hoje, essas palavras são consideradas bem menos excêntricas do que na época, quando o humor e o riso eram associados à improdutividade, à dispersão e à falta de profissionalismo. Esse antigo pensamento, herdado da Revolução Industrial, tem caído por terra à medida que uma série de pesquisas vem comprovando a estreita relação entre satisfação e produtividade. "Não tenho a menor dúvida de que se a pessoa está bem humorada o trabalho fica muito mais prazeroso e ela tem espaço para ser mais criativa e produtiva", sintetiza Élio Martins, presidente da empresa de telhas e caixas d'água Eternit. Infelizmente, porém, não são todos os profissionais que entendem o humor como ferramenta de gestão coorporativa.

Nosso livro pretende, portanto, mostrar que humor é assunto sério e que deve ser posto em pauta dentro de todas as estruturas organizacionais da atualidade. Seria precipitado afirmar que "organizações mal-humoradas" sejam fracassadas, mas é certo que o clima positivo e o bem-estar dos executivos e funcionários são grandes propulsores do sucesso. "Vejo o bom humor e a descontração como a base de tudo. Não falo em recreação, mas em formas de operar e trabalhar. O humor é capaz de tornar a organização mais produtiva e eficaz ao longo do tempo. É verdade que a pressão pode gerar resultados pontuais, mas não representa mudanças nem ganho de competência", opina Manuel Martins, diretor de recursos humanos da distribuidora de energia AES Eletropaulo.

O humor de fato ajuda a construir uma atmosfera positiva, que, por sua vez, possibilita a melhora na comunicação, nas relações interpessoais e no trabalho em equipe, ajudando a reduzir tensões, estresse e insatisfação. Isto beneficia o desempenho da empresa, a produtividade e a capacidade de manter funcionários, o que alimenta um ciclo de benefícios e compensações que geram satisfação crescente para todos os envolvidos no processo.

Conforme afirmou o psicólogo norte-americano James Lin, com seus quase vinte anos de experiência em treinamentos corporativos, "quem ri junto, trabalha melhor". Segundo Lin, estudos garantem que energias positivas vindas do riso e da alegria contribuem significativamente para a saúde do ambiente profissional e para a melhoria do trabalho em equipe. Tais princípios, ele acrescenta, podem ser aplicados em organizações de qualquer porte, da micro à grande empresa.

Isso não acontece à toa. Uma cultura corporativa baseada no bom humor apresenta muito mais abertura para a aproximação das pessoas e para a prática do diálogo. É como se o riso destruísse as barreiras hierárquicas, facilitando a comunicação e a aproximação nos mais diferentes níveis e setores da empresa. Como conseqüência, ocorre intensa interação entre funcionários, constante reciclagem e intercâmbio de idéias. O humor e o riso dão mais vida, ânimo e entusiasmo às equipes, além de enaltecerem o trabalho e ajudar empresas e indivíduos a caminharem em direção ao sucesso. Segundo Warren Bennis, professor de administração de empresas e presidente-fundador do Instituto de Liderança da Escola de Negócios da Universidade da Califórnia do Sul, nos Estados Unidos, as empresas mais ágeis, focadas, flexíveis, amigáveis e divertidas da atualidade tendem a ser as mais bem-sucedidas do mercado. É bom deixar claro que ninguém está pregando que o trabalho se transforme em brincadeira, mas sim que o riso, a diversão e a informalidade tenham um espaço na rotina da fábrica ou do escritório, já que são atitudes inerentes ao ser humano.

SALVE O HUMOR!

De mãos dadas com a inteligência, o humor revela a destreza e a criatividade de quem o pratica. Para criar situações cômicas ou mesmo para compreendê-las, é preciso construir com rapidez o raciocínio não-linear que costuma caracterizá-las. O humor permite que se veja um dado evento sob óticas inusitadas. Tomando como exemplo as piadas, percebemos que elas dirigem a mente para um caminho e, no último instante, seguem um rumo inesperado. A surpresa e a irreverência do novo caminho provocam o riso e atestam a perspicácia de quem criou a tirada.

No ambiente profissional, analogamente, o pensamento criativo ajuda os funcionários a encontrarem novos caminhos (muitas vezes inusitados) para situações diversas. As pessoas precisam ser flexíveis se quiserem mudar perspectivas e padrões de pensamento e encontrar soluções criativas para as questões em pauta. Em geral, pessoas bem-humoradas conseguem ter atitudes desse tipo de maneira espontânea e freqüente.

Buscando reconhecer o poder da descontração para ajudar as pessoas a enxergarem soluções com mais facilidade, algumas empresas promovem brincadeiras e bate-papos informais antes de reuniões importantes. Os funcionários relaxam e abre-se caminho para o pensamento criativo. Nas reuniões de diretoria da AES Eletropaulo, por exemplo, a descontração já está incorporada à pauta: "Em reuniões semanais, tratamos de assuntos bastante sérios e árduos. Para suavizar a agenda, instituímos nesses encontros o momento anti-estresse, uma pausa na qual mostramos peças humorísticas, filminhos de internet, curiosidades, reflexões, ensinamentos etc.", revela o diretor de recursos humanos Manuel Martins. Para ele, essas atividades lúdicas são fundamentais, pois deixam os participantes mais descontraídos, melhorando a interação entre todos e a qualidade do ambiente.

Promovendo o riso, a diversão e o bem-estar das pessoas, o humor também estimula a satisfação pessoal e profissional dos funcionários. Empregados satisfeitos com a empresa, por sua vez, têm muito mais comprometimento com o trabalho, costumam dar o melhor de si e, no dia-a-dia profissional, agem com amabilidade e cooperativismo. Como conseqüência, o clima interno torna-se positivo, o trabalho flui com facilidade, e a produtividade tende a crescer. Diante de bons resultados gerados por essa engrenagem, a empresa devolve recompensas morais e materiais aos funcionários, que ficam ainda mais entusiasmados e motivados. Em benefício de ambas as partes, o ciclo se retroalimenta constantemente.

Não bastasse tudo isso, os funcionários que têm prazer no trabalho e se relacionam bem com os colegas costumam faltar apenas em situações extremas. A descontração os ajuda a eliminar as chateações, aliviar o estresse e as pressões cotidianas, beneficiando a concentração e a produtividade. Além disso, doses de humor reenergizam os ambientes e dão mais ânimo para as equipes realizarem as tarefas necessárias. Empresas marcadas pela descontração costumam ter, de quebra, baixa rotatividade de funcionários.

Diante de tantos argumentos favoráveis, a prática do humor e o estímulo ao clima positivo no ambiente profissional vêm sendo cada vez mais associados ao sucesso. De acordo com o estudo do psicólogo James Lin, em uma fazenda leiteira com instalações adequadas, um bom tratamento e música suave para as vacas faz com que elas produzam muito mais leite do que em condições comuns. "Se até no mundo animal as coisas acontecem assim, entre os humanos não poderia ser diferente!", observou o estudioso.

De qualquer maneira, é bom lembrar que o humor, por si só, não enche o bolso de ninguém. Uma gestão meramente afetiva, com foco nas pessoas e na adoção exclusiva de atitudes que visam evitar conflitos, enaltece o bom clima, mas dificilmente gera lucros. O contraponto disso é uma gestão estressada que cobra resultados a qualquer preço, ainda que sob clima tenso e desgastante — apesar de os resultados acontecerem, as conseqüências do negativismo gerado podem ser bastante ruins para o negócio no longo prazo. Uma gestão inteligente, enfim, busca conciliar produtividade com clima positivo, e isso é possível mantendo-se o foco tanto nas pessoas quanto nos resultados.

UM BEM-HUMORADO QUE SAIU DAS RUAS PARA SE TORNAR REFERÊNCIA NO MARKETING

Na teoria, o carioca David Mendonça Pontes é mais um camelô do movimentado centro do Rio de Janeiro; na prática, trata-se de um tremendo profissional de marketing. Munido de talento, bom humor e de iniciativas bastante criativas, David tornou-se um exemplo no mundo dos negócios. Em pouco mais de dez anos, transformou-se de sem-teto em camelô com livro publicado, carro, casa própria, sítio, aplicações no banco e uma agenda lotada de palestras, proferidas entre universitários, executivos e pós-graduandos em marketing.

Sorridente, carismático e simplório, David tem mais de 5 mil clientes cadastrados em seu banco de dados. Sua barraquinha de doces tem página na internet, agência de publicidade e serviço de entregas, de modo que possa atender não apenas pedestres da região, mas também quem está mergulhado em serviços de casa ou do escritório.

David estudou apenas até a sétima série e morou na favela da Rocinha por muitos anos. Em 1989, depois de perder o emprego de motorista em uma fábrica, foi despejado e teve de viver na rua. Um belo dia, para comprar alimento para a mulher grávida, pediu uns trocados emprestados a um amigo. Descobriu que com aquele dinheirinho era possível comprar doces no atacado, revender e lucrar. Daí até montar sua barraquinha, foi um passo.

Com inquestionável espírito empreendedor, atribui o sucesso ao seu bom humor e à sua criatividade. Para ele, se um sorriso abre todas as portas, o mau humor as fecha. Em seu negócio, portanto, David incentiva os clientes a rirem, já que "quando as pessoas relaxam, a carteira fica vulnerável".

Para ele, funcionários mal-humorados são péssimos para qualquer empreendimento, já que espalham energia negativa entre colegas, clientes e na empresa como um todo. Encantar o público é seu objetivo permanente. Ele dá guloseimas de aniversário para os clientes, faz sorteios, oferece brindes e desenvolve programas de fidelidade. Diante dos funcionários, do mesmo modo, David procura agradar. Sempre que sai para uma palestra, aumenta a diária de quem fica na barraquinha.

Enxergando a felicidade como ponto principal do relacionamento humano e do andamento dos negócios, o camelô certa vez resumiu: "Falam que sou especialista em marketing. Eu, no entanto, falo o que as pessoas querem ouvir. Mas o que elas querem ouvir? As pessoas desejam ter alegria e alto-astral. O meu segredo foi sempre agradar às pessoas. Um cliente feliz traz dez pessoas de volta ao seu estabelecimento. Um cliente insatisfeito pode contaminar quarenta pessoas. Em outras palavras, elas nunca mais voltarão para o seu estabelecimento".

AS CONSEQÜÊNCIAS DO PESSIMISMO E DO NEGATIVISMO NA EMPRESA

O típico pessimista, mal-humorado e ranzinza tem sempre a certeza de que tudo vai dar errado. Com pensamento focado no fracasso pessoal e alheio, chega a torcer contra os projetos, simplesmente para confirmar suas previsões negativas e capacidade de antever os fatos.

Diariamente, esse personagem chega ao escritório munido de má vontade, falta de entusiasmo e, por vezes, até de agressividade. O "pacote do mau humor" costuma vir acompanhado do desejo e da expressão de poder, da vontade de ter sempre razão e de derrotar os outros de alguma maneira. A alegria de terceiros chega a ser um incômodo para o mal-humorado, que faz de tudo para desqualificar os outros, colocá-los em situação de inferioridade e fazer com que se sintam tão diminuídos quanto ele próprio. Suas atitudes expressam bem esses desejos e ele assim amedronta, ofende, magoa e desgasta quem o cerca.

Suas "bordoadas" geram desânimo, insegurança e comportamentos defensivos. Se ele é, em especial, um líder, o grupo se desinteressa pelo trabalho e passa simplesmente a cumprir horários e a fazer as tarefas de qualquer jeito. As pessoas perdem a iniciativa, a ousadia, a criatividade e o cooperativismo. "Cada um por si" passa a ser o lema da suposta equipe, que se torna perita em tratar problemas como batatas quentes, passando-os adiante sem sequer tentar resolvê-los. Quando um funcionário erra, o grupo faz de tudo para encobrir o equívoco, temendo as reações do terrível bicho-papão.

Se o mau humor prejudicasse apenas o indivíduo que o sente, seria ótimo, mas infelizmente este tem um forte poder de contaminação — bem maior, inclusive, que o do bom humor (provavelmente pelo fato de os mal-humorados serem naturalmente mais fechados e resistentes a mudanças de estado de espírito). Dependendo do cargo ou do perfil da equipe, uma única pessoa com tal característica é capaz de abalar todo um departamento, já que ela torna o ambiente que freqüenta pesado e repleto de negativismo. Quando isso acontece, a ocorrência de estresse e doenças a ele relacionadas aumenta brutalmente e a alta rotatividade de funcionários e o absenteísmo tornam-se bastante freqüentes.

Assim como acontece com os relacionamentos profissionais saudáveis, os doentios e desgastantes também se retroalimentam, à medida que geram um desencadeamento de desagrados e insatisfações bastante difíceis de serem revertidos. O mau humor também pode estar relacionado à inércia, estagnação e apatia — estados duros de se quebrar. Motivar uma equipe abalada costuma ser um processo muito mais demorado do que o de desmotivá-la.

CUIDADO: MAU HUMOR À VISTA

• Quem nunca ouviu o conselho: "Não fale com fulano hoje, pois ele está naqueles dias!". O comportamento "cão enfurecido" afasta as pessoas, fecha as portas, retarda conversas e soluções. É extremamente prejudicial para o mal-humorado, para os companheiros de trabalho e para a empresa de modo geral.

• Inflexíveis, rígidos e pouco criativos, os mal-humorados costumam apresentar grande resistência à incorporação de novas idéias e métodos. Em processos de mudança esses indivíduos são sempre os mais difíceis de se adaptar.

• Os ranzinzas convivem com o mal-estar constante e costumam ter muito mais preocupações do que os bem-humorados. Eles mantêm o foco nos problemas e têm dificuldade em reverter o pensamento para a busca de soluções.

• A insegurança que o pessimista passa para a equipe e a energia negativa que deposita nos processos muitas vezes contribuem para que as coisas realmente se desenvolvam da pior maneira possível.

• Profissionais mal-humorados, negativos, fechados e com dificuldade de relacionamento estão sendo aos poucos excluídos do mercado. Independentemente das áreas em que atuam, eles têm sido demitidos ou relegados a cargos pouco significativos que exijam pouca interação com terceiros.

O CLIMA VEM DE CIMA

O clima predominante no ambiente de trabalho está invariavelmente nas mãos dos superiores. No escritório, no chão da fábrica ou em qualquer setor de uma organização, as pessoas se espelham no líder, pessoa que irá determinar o tom da equipe. Assim como o temperamento das operárias diante da abelha-rainha, o bem ou mal-estar dos funcionários é um reflexo direto do comportamento do líder. Ele decide se a equipe viverá em ambiente rígido e fechado ou leve, alegre, com condições favoráveis para a criatividade e para a energia positiva. Decifrando quem está no comando, é possível descobrir rapidamente como andam os níveis de satisfação, empenho e entusiasmo da equipe.

Um bom líder, portanto, deve ser capaz de incentivar o cooperativismo, a iniciativa, a lealdade, a união e o trabalho em equipe. Precisa estar preparado para dar a volta por cima quando preciso, passar segurança mesmo diante de dificuldades e saber lidar com pessoas e questões de todo tipo. Para que obtenha sucesso na empreitada, o humor, a tolerância, o respeito pelos outros e o jogo de cintura são qualidades absolutamente necessárias em sua personalidade. Presidente da Eternit, Élio Martins começou na empresa como balanceiro, funcionário que pesava caminhões. Em sua opinião, a primeira atitude que um dirigente deve ter em prol dos funcionários é reconhecer a importância deles, fazer com que se sintam valorizados e merecedores de respeito. "Se encontro alguém no elevador, faço questão de cumprimentar, desejar um bom dia, perguntar como vai o trabalho... Sei que um sorriso, algumas palavras amigas e de estímulo são capazes de melhorar rapidamente o dia das pessoas, fazê-las mais felizes. Elas percebem seu valor e isso faz muita diferença. São atitudes simples que criam uma cadeia de bom humor e devem ser praticadas por todos, independentemente do nível hierárquico que ocupam", detalha Martins.

Pensamentos e atitudes como essas invariavelmente revertem em prol da empresa. Em meio acadêmico, já foram realizadas dinâmicas próprias para avaliar a influência do comportamento do líder diante de determinadas tarefas. Nesses estudos foram escolhidos líderes completamente diferentes entre si para conduzir grupos com integrantes de perfil profissional e comportamental bastante parecidos. Notou-se, então, que determinadas características gerenciais (como estilo dirigente, capacidade de gerenciar conflitos, dar autonomia e acompanhar o trabalho dos funcionários) formaram equipes com ambiente de trabalho mais favorável e de melhor desempenho. Já o estilo coercitivo, ou o foco exclusivo nos resultados e a incapacidade de gerenciar os conflitos da equipe, gerou grupos de pessoas que trabalham individualmente e obtêm resultados bem inferiores aos dos "grupos democráticos".

A personalidade do gestor é de fato determinante. Um líder emocionalmente desestruturado dificilmente consegue manter um clima leve e favorável no trabalho. Já indivíduos equilibrados e com competências que consigam transformar a pressão do trabalho em estímulos saudáveis para a equipe, certamente criam um cenário muito mais propício à conquista de bons resultados.

COMPORTAMENTOS NOCIVOS DE UM CHEFE

Para tristeza de muitos funcionários e prejuízo de empresas, ainda existem no mercado líderes hostis, contrários ao humor e sem respeito pelos subordinados.

São pessoas amargas, fechadas, com sede de poder e sem jogo de cintura. Alimentam intrigas e tolhem a liberdade de expressão, o pensamento e a criação dos funcionários. Líderes que raramente sorriem parecem se incomodar com o humor e com as brincadeiras alheias e estão sempre prontos para humilhar e frustrar quem os cerca.

Excessivamente sérios, por vezes são autoritários, impacientes e obcecados por resultados. Cobram demais da equipe, estressam os funcionários e ficam enfurecidos quando algo não sai exatamente de acordo com suas previsões. Embora alguns consigam resultados imediatos, eles tendem a perder o controle da situação e estraçalham a equipe no longo prazo. Seus subordinados estão constantemente insatisfeitos, desmotivados, com o moral baixo e costumam estar prontos para deixar a empresa na primeira oportunidade. São líderes ansiosos, inseguros e tensos, que somatizam suas preocupações e adoecem com freqüência.

O maior problema de profissionais desse tipo é que diante da direção da empresa eles costumam disfarçar suas características principais. Especialmente em organizações de grande porte, os executivos têm dificuldade de saber o que acontece em cada um dos vários departamentos. Em decorrência disso, muitos funcionários acabam administrando embasados em suas filosofias pessoais, nem sempre compatíveis com os princípios da direção da empresa.

Com base no temperamento do líder de cada departamento, portanto, não é possível dizer que existem boas ou más empresas para se trabalhar, mas especificamente excelentes ou desastrosas gerências e departamentos onde se pode trabalhar. É o conjunto dessas pequenas unidades, no final das contas, que toma a linha de frente e garante o sucesso ou fracasso do negócio como um todo. Daí a importância de os executivos terem pessoas competentes nos cargos de liderança e, na medida do possível, manterem contato e abertura para o diálogo com funcionários de todos os níveis.

MELHORAS SÃO POSSÍVEIS

Para quem tem um chefe que parece um eterno mal-humorado, durão e irredutível, a boa notícia é que mudanças são possíveis. Quem garante é a veterinária Rosa Vieira, que trabalha em um laboratório de pesquisa de São Paulo e assistiu de perto à transformação da chefe. Por ter muito gosto pela atividade que fazia e por estar em um dos locais mais valorizados do país dentro de sua especialidade, Rosa manteve-se oito anos agüentando uma chefe competente, capaz, mas extremamente mal-humorada, crítica e dura.

Ela conta que o convívio diário com a supervisora desgastava demais a equipe toda. "Era uma reação em cadeia: o mau humor dela passava de uma pessoa para outra e mais outra, até que todos acabavam se chateando." Ela lembra que, às vezes, os aparelhos do laboratório pifavam inexplicavelmente, sem nenhum motivo. "Não duvido de que fossem afetados pela energia negativa do local. Era mesmo impressionante: de uma hora para outra, tudo parava de funcionar!"

Rosa relata que a rotina no laboratório era uma caixinha de surpresas. Quando os pesquisadores chegavam de manhã para trabalhar, eles nunca sabiam o que os aguardava nem como estava o ânimo da chefe. "Era um inferno!", desabafa. Segundo conta, os primeiros a chegar "sentiam o clima" e avisavam os demais. Quem entrava na sala já perguntava aos outros: "Como está o tempo hoje? Está aberto ou fechado?". Assim já ficavam sabendo que conduta deveriam tomar ao longo do dia. "Esse era nosso código, nossa brincadeira, um jeito que encontramos para lidar com o péssimo ambiente no qual convivíamos. Tentávamos tirar de letra, mas tudo aquilo interferia demais no trabalho e realmente nos desgastava."

Uma atitude prudente tomada pelos mais antigos da equipe era jamais enfrentar a chefe carrancuda. Especialmente nos momentos agudos de suas crises, era preferível deixá-la dizer tudo o que quisesse e contestar o mínimo possível, por mais que seu discurso não tivesse nexo. "Tentar revelar a verdade quando ela estava fora de si era o pior que podíamos fazer. O negócio era abstrair tudo: quanto mais quietos ficássemos, melhor."

Segundo Rosa, por causa da maneira rude de a líder se relacionar com a equipe, os funcionários queriam chegar, fazer seu trabalho e ir embora o mais rápido possível. "Faltava coleguismo, ninguém queria ajudar o outro, ficar lá dentro mais tempo do que o necessário. Cada um queria salvar a sua pele, mesmo porque, se algo saísse errado, até quem estivesse ajudando poderia se dar mal."

A raiz do problema

A supervisora tinha uma única grande cúmplice e parceira no laboratório, que era a pesquisadora mais antiga do grupo. "Às vezes as duas passavam horas confabulando em sua sala — dizíamos que era a *bat* caverna", lembra a veterinária. Na ausência da supervisora, ela conta que a parceira se achava no direito de criticar as pessoas da equipe, dar ordens e comandar.

Um belo dia, o tal "braço direito" da supervisora acabou deixando o laboratório. E a grande surpresa de Rosa e de toda a equipe foi que, daí em diante, o humor da chefe — então com cinqüenta anos de idade — mudou da água para o vinho. A equipe se deu conta de que era a pesquisadora veterana quem gerava todo o estresse no ambiente. Ela fazia fofocas, inventava histórias, jogava uma pessoa contra a outra, enquanto a supervisora — insegura e vulnerável — acreditava em tudo. Ela ficava desconfiada, tinha a constante impressão de que todos tramavam contra ela, olhava feio para os funcionários e ninguém entendia o porquê. Para ela, a suposta parceira era a única pessoa de confiança lá dentro. "Sabíamos que aquela pesquisadora potencializava os problemas, mas não tínhamos idéia de que a origem de tudo estava nas mãos dela."

Já se passaram dois anos depois da virada, e Rosa continua no laboratório. "Nossa chefe ficou muito mais tranqüila, mais *light*. O clima lá agora é outro." A veterinária conta que agora a chefe passa o dia com a porta da sala aberta, todos podem entrar e falar com ela quando querem e ela ainda se tornou gentil. "É bem verdade que não gosta muito de dar bom-dia, mas, quanto a isso, já deixou claro pra gente várias vezes que não nasceu sorrindo." Em relação à rotina, deixou de ser *workaholic*. Ela chegava ao laboratório de manhã cedinho, saía à noite e trabalhava todo final de semana. Hoje chega cedo, vai embora ao final da tarde e, segundo conta, tem tido tempo para fazer ginástica, ler e ficar com a família. Anualmente, a supervisora tem ainda tirado férias, coisa que não fazia antes.

Resumindo: milagres existem, transformações são possíveis, melhoras podem ser reais. A questão é identificar e eliminar as reais causas dos problemas ou, se as questões estiverem fora do seu alcance, munir-se de paciência, relaxar o máximo possível, apostar na sorte e torcer por qualquer tipo de mudança.

SUAVIZE O CHEFE RANZINZA

Se você tem um chefe ranzinza, negativo e mal-humorado, não deixe que ele destrua seu dia. Se você gosta da empresa onde trabalha e das atividades que realiza, invista no bicho-papão e procure contaminá-lo com atitudes positivas. Já pensou em tirar dele um sorriso por dia? Confira a seguir algumas teorias que explicam os motivos pelos quais as pessoas costumam rir, inspire-se e tente melhorar o astral do chefe.

Teoria da incongruência ou do despropósito

De acordo com essa teoria, o humor desponta quando a lógica é quebrada por aspectos inusitados. O pesquisador Thomas Veatch explica que isso acontece muitas vezes com piadas, que se tornam engraçadas à medida que esperamos um desfecho para a história e ocorre um outro completamente surpreendente. O ouvinte, portanto, diverte-se com a quebra do raciocínio lógico ou de uma expectativa de comportamento. Por causa desse fator surpresa é que as piadas parecem muito mais engraçadas quando são inéditas para quem as escuta.

O RISO CONTRA O ESTRESSE

No meio médico, há muito não é novidade o fato de o estresse ser prejudicial para o organismo. Comprovadamente, sabe-se que ele é capaz de desencadear tensão muscular, pressão alta, depressão, úlcera, queda da imunidade, problemas cardíacos etc., sem contar os diversos sintomas que podem acompanhá-lo, como cansaço permanente, queda de produtividade e de libido, ansiedade, comprometimento da memória, insônia, dores musculares, gripes, impaciência, perda do senso de humor e dificuldade de concentração.

A novidade é a constatação de que o riso produz efeitos contrários ao estresse, mostrando-se um excelente antídoto contra esse mal. Quando uma pessoa sofre de estresse, a glândula supra-renal libera grandes quantidades de uma substância que, no sangue, se transforma rapidamente em cortisol — este, por sua vez, abala o sistema imunológico e facilita a instalação e o desenvolvimento de vários tipos de doença. E é aí que o riso entra. Em estudos desenvolvidos na Escola de Medicina da Universidade de Loma Linda (no estado da Califórnia, Estados Unidos), os pesquisadores Lee Berk e Stanley Tan demonstraram que o riso é capaz de baixar os níveis de cortisol no organismo e proteger o sistema imunológico dos efeitos do estresse.

Muitos profissionais de saúde também garantem que o riso é capaz de reduzir o estresse em si, já que massageia o corpo internamente e diminui tensões musculares. Em termos psicológicos, ele permite que as pessoas se desliguem do que as preocupa, pelo menos momentaneamente.

O otimismo, vale acrescentar, também é capaz de agir contra o estresse, modificando a ótica sob a qual os acontecimentos são percebidos. Diante de uma dificuldade, em vez de acionar mecanismos angustiantes e prejudiciais à saúde, uma pessoa otimista estimula a criatividade e a capacidade de inovação, movendo-se para transformar a situação adversa e encarando-a como um desafio a ser superado.

Em seu livro *Cura quântica*, o médico indiano Deepak Chopra explica que as pessoas são abençoadas com uma sabedoria interior, a qual permite ao corpo manter e restaurar a saúde. Ele afirma que todas as interpretações que uma pessoa faz sobre o que está acontecendo com ela mesma repercutem em respostas biológicas que chegam ao nível celular. Sendo assim, quando alguém pensa "estou feliz", todas as células do corpo recebem essa sensação de felicidade. E o contrário também acontece. Em outras palavras, a crença se transforma em química, e o riso torna-se capaz de derrotar doenças fatais.

Teoria da superioridade

Essa teoria reflete o riso que se abre na frente de erros, equívocos, pontos fracos e até mesmo falta de sorte de terceiros. As pessoas se sentem superiores às lesadas, vivenciam certo afastamento da situação e, conseqüentemente, riem.

Teoria do alívio

Proposta por Freud, essa teoria considera que o cérebro humano é repleto de barreiras inconscientes, que nos impedem de acessar pensamentos e sentimentos "proibidos". Quando idéias proibidas são verbalizadas socialmente, as pessoas se libertam dessas barreiras e riem. Com isso, descarrega-se certa tensão. Para Freud, é o humor que possibilita à mente consciente despistar a censura interna, permitindo que as pessoas falem ou pensem em questões censuradas e, portanto, relaxem a tensão nervosa.

O QUE SE ESPERA DE UM CHEFE NO ATUAL MODELO ADMINISTRATIVO

Foi o tempo em que a procedência de um curso de pós-graduação era capaz de diferenciar um líder. Independentemente de sua formação ou da área em que atuam, os líderes atuais são pessoas otimistas, criativas, tolerantes e bem-humoradas, que brilham e têm paixão pelo que fazem. Carismáticas, essas figuras contagiam a equipe com o que há de melhor no ambiente corporativo. Especializadas em gerenciamento de relações humanas, são vistas como aliadas pelos subordinados, que reconhecem tanto o valor de um funcionário motivado quanto o prejuízo gerado pelo desânimo, estresse ou insegurança de alguém do grupo.

Apesar de sua objetividade e determinação, nem sempre esses líderes são os que conseguem resultados mais rápidos. Ainda assim, eles têm representado o modelo de gestores, já que conciliam a satisfação dos funcionários com excelentes resultados no médio e longo prazos. Em uma cartilha dos dez mandamentos do novo líder, as qualidades mais relevantes no que se refere aos relacionamentos são as seguintes:

Tem o hábito de falar e ouvir os funcionários

O bom líder é absolutamente acessível aos funcionários. Com as portas sempre abertas, ele se interessa pelo que os subordinados têm a dizer e de fato sabe escutá-los. Críticas, sugestões, dúvidas, inseguranças, opiniões sobre a empresa e o ambiente de trabalho: todos os depoimentos são considerados. Da mesma maneira, esse líder expressa suas opiniões e regularmente dá *feedback* aos funcionários quanto à sua atuação, trocando idéias, fazendo aconselhamentos e o que mais for necessário.

Respeita e transmite confiança

O líder atual trata os funcionários com absoluto respeito e franqueza. Ele honra os compromissos, age conforme seus princípios e discursos e, com isso, tem a credibilidade dos que o cercam. No trato com todos os subordinados é cuidadoso, atentando até para o tom de voz quando profere queixas ou dá orientações. Demonstra constante interesse por eles e, diante de qualquer boato, presta esclarecimentos aos interessados, enquanto tira dúvidas e afasta possíveis sentimentos de insegurança e desconfiança.

É intuitivo e sensível

Seu interesse pelo que se passa com os funcionários vai além das aparências. Intuitivo, o líder procura compreender o que há por trás dos acontecimentos, discursos e situações vividas pelos membros da equipe. Com sua sensibilidade, é capaz de reconhecer o que de fato afeta positiva ou negativamente seus subordinados.

Tira o máximo de cada um

O líder realmente aproveita os funcionários, fazendo valer suas capacidades e transformando-os em verdadeiros potencializadores dos negócios da empresa. Ele compartilha seus conhecimentos e oferece à equipe treinamentos constantes e condições de aprendizagem, crescimento e desenvolvimento. Sabe detectar as principais qualidades dos subordinados e permite que cada um as coloque em prática. Estimula-os a participarem ativamente das questões da empresa e a realmente fazerem diferença na organização. Com isso, esse líder forma equipes motivadas e produtivas.

Dá autonomia

Deixando claro para os subordinados o que espera de seu trabalho e atuação, o líder atual divide responsabilidades, delega tarefas e confia na equipe. Ao passar trabalhos extras, deixa claro não apenas as orientações para a execução, mas também sua finalidade. Quando solicitado, fornece todo suporte e apoio necessários para os funcionários. Ele conhece o potencial de todos e estimula-os a pensar, a serem participativos, criativos e a acreditarem em sua capacidade. Em algumas empresas, já é comum os funcionários participarem de decisões referentes a diversos assuntos, como o orçamento de sua área, horário de trabalho e os cursos de especialização que farão por intermédio da empresa.

Valoriza os funcionários

O líder atual reconhece o trabalho de sua equipe, não poupando elogios (quando merecidos). Não é do tipo que quer os méritos só para si, mas faz questão de mostrar para a direção da empresa os funcionários que se destacam. Diante das realizações da equipe, comemora em conjunto, alimentando nos funcionários o orgulho e a satisfação pelos resultados obtidos. Ele se preocupa e se interessa pelas pessoas que o cercam, de modo que todas se sintam valorizadas.

Incentiva o relacionamento em equipe

O bom líder reconhece a importância do cooperativismo e faz questão de ter uma equipe unida. Incentiva a troca de idéias e contribuições entre funcionários, jamais alimenta intrigas, procura administrar e esclarecer imediatamente qualquer conflito ou mal-entendido no grupo, além de conseguir manter a harmonia nos ambientes.

Tem senso de humor

O líder de hoje sabe que é importante não apenas permitir, mas estimular brincadeiras, momentos de relaxamento e diversão no grupo. Reconhece que o humor possibilita o relaxamento e a descontração, além de fortalecer os laços e a cumplicidade entre as pessoas da equipe — benefícios que repercutem em motivação e produtividade. Esse líder não tem medo de perder o controle do grupo com isso.

AS PIADAS DO CHEFE

Estudos apontam que funcionários de qualquer nível hierárquico tendem a rir muito mais das graças proferidas pelos chefes do que por seus semelhantes ou subordinados. Para o chefe que quer construir um bom ambiente de trabalho, essa informação é uma mina de ouro! Basta chegar ao escritório com um pequeno repertório de gracinhas, que os risos e as respostas comportamentais dos que o cercam rapidamente surgirão. No mundo corporativo ou fora dele, muitos líderes sabem disso (mesmo que intuitivamente) e acabam fazendo uso dessa ferramenta com freqüência bem maior do que os outros membros do grupo.

É confiante e otimista

Nada de insegurança! O bom líder reconhece que, mesmo nos momentos de crise, sempre há saídas para as situações impostas, e o otimismo é uma ferramenta poderosa para lidar com elas. Nas horas difíceis, o líder relata ao grupo o que está acontecendo, explica a delicadeza do momento e convoca todos para ajudarem a reverter o cenário. Com o grupo a par da situação, é mais fácil contar com o apoio das pessoas e, conseqüentemente, encontrar soluções e colocar em prática eventuais mudanças necessárias. Diante dessa abertura, é comum, durante crises, os funcionários apresentarem idéias de mudanças simples em detalhes do processo, economias significativas que podem gerar para a empresa. Para que todos se empenhem em inovar e ter comportamentos positivos, o líder deve agir como um guia, na medida em que expressa confiança e conduz processos de mudança sem pânico.

Tem o foco em soluções

Diante do erro de um subordinado, o líder coloca o foco da equipe primeiramente na solução do problema. Depois de encontrada a solução e aplicadas as providências, aí sim esse líder faz as devidas críticas às atitudes do funcionário, sempre com o intuito de instruí-lo e orientá-lo para que aquilo não se repita. A intenção jamais é diminuí-lo. O bom líder compreende que as pessoas podem errar e que as experiências negativas devem ser revertidas em algum tipo de aprendizado. Vale citar que, ao sugerir novos comportamentos e atitudes de funcionários, ele enfatiza que o problema não está no funcionário em si, mas em algumas de suas atitudes e comportamentos. "Não existe aprendizado em ambiente de medo e insegurança, onde a reposta a um erro é o castigo e não a instrução", sintetiza Manuel Martins, da AES Eletropaulo.

PROBLEMAS DE LIDERANÇA

Alta taxa de abandono, baixa produtividade, alto índice de absenteísmo, desânimo, apatia e falta de iniciativa dos funcionários: quando uma empresa detecta evidências de insatisfação, uma boa dica para iniciar o processo de reversão do cenário é avaliar o comportamento dos líderes. Ao serem identificadas falhas em condutas e comportamentos de pessoas-chave no negócio, os cursos de liderança podem ser importantes ferramentas na promoção de mudanças.

ABAIXO O PESSIMISMO

Não é raro um funcionário ter vontade de deixar o emprego e jogar tudo para o alto, por não suportar conviver com determinados companheiros de difícil trato. Se você é obrigado a conviver com indivíduos que parecem se incomodar com a felicidade alheia e que fazem de tudo para colocar os outros para baixo, terá que ter jogo de cintura se não quiser se prejudicar. Em outras palavras, a proximidade com insatisfeitos permanentes e pessimistas tende a reduzir seu desempenho com mais intensidade do que prejudicar as pessoas de tal natureza.

Se você fica transtornado com o mau humor dos companheiros, vale a pena conhecer alguns recursos capazes de ajudar a melhorar o astral dos ranzinzas ou, pelo menos, ajudar você a tolerá-los com mais facilidade.

Para começo de história, um bom costume é lidar com esse mal-humorado de maneira gentil, humilde, tolerante, com autocontrole e capacidade de relevar atitudes desagradáveis. Tentar roubar risos desse personagem também é uma boa técnica, já que um pouco de alegria pode aumentar o moral dele, dar-lhe mais ânimo e aliviar seu estresse. Colocando em prática tais qualidades, abre-se a possibilidade de suavizar os aspectos hostis de qualquer pessoa. Na pior das hipóteses, se o carrancudo permanecer irredutível, essas ferramentas irão ajudá-lo a enfrentar os aspectos negativos e as situações adversas por ele desencadeadas.

Ter paciência e procurar entender a fragilidade do outro também é importante. Por trás do mal-humorado e de seu comportamento rude costuma esconder-se uma pessoa insegura, triste, cheia de medos e amarguras. É mais comum os mal-humorados guardarem tristezas do que crueldades. Os "malvados" costumam ser, na realidade, reféns de sentimentos negativos e difíceis de se lidar. Compreender tal fragilidade e conseguir abstrair a hostilidade de suas atitudes são armas poderosíssimas para não se abalar diante de pessoas desse tipo. Por isso, quando ouvir colocações agressivas e desnecessárias, procure simplesmente ignorá-las ou, o que é ainda melhor, encará-las com senso de humor.

E se você por acaso não se sentir capaz de lidar tão bem com a situação, dê-se o direito de se aborrecer.

Não é porque você costuma estar de bem com a vida que deve se sentir obrigado a engolir sapos sem jamais se queixar. O aborrecimento temporário acontece; é uma emoção que, como todas as outras, faz parte da vida das pessoas. O fundamental é saber a hora de se despedir dessas sensações, mudar o foco e voltar a agir de maneira positiva. Contar até dez, respirar fundo e virar a página. É importante não seguir o exemplo do mal-humorado (que faz da tristeza e da chateação um estado permanente na vida), mas sim saber administrar os descontentamentos de maneira saudável.

Vale a pena ainda ter em mente que sua reação a acontecimentos diversos depende muito mais de uma atitude interna do que das situações propriamente ditas. Fica muito mais fácil ver o mundo com bons olhos quando se evita alimentar sentimentos como braveza, raiva, inveja, ciúmes, medo e ressentimento. Para compensar o peso de um "vizinho de mesa" mal-humorado, relacione-se tanto quanto possível com colegas de equipe que costumam estar de bem com a vida e deixe fluir sua amabilidade e sociabilidade. Assim, será muito mais fácil lidar com qualquer tipo de pessoa, e conviver com frustrações e contratempos rotineiros.

TUDO TEM DOIS LADOS

Permita que o convívio com mal-humorados saliente a importância do humor em sua vida. Se você é cercado por elementos pessimistas, encare-os como uma oportunidade para descobrir o valor de conviver com pessoas felizes e a importância de você mesmo estar bem, acordar feliz com a vida e ver o mundo com bons olhos.

O PAPEL DO LÍDER DIANTE DO MAL-HUMORADO

Se o mal-humorado for peça importante e digna de permanecer na empresa, é dever do líder minimizar seu impacto sobre outros indivíduos da equipe, procurando neutralizar o negativismo de suas atitudes. Algumas condutas que podem ser tomadas pela liderança:

- Abrir diálogo com o mal-humorado, enfatizando a importância de um comportamento mais leve no dia-a-dia profissional.

- Diante das reclamações do mal-humorado, submetê-lo ao exercício da insatisfação criativa, uma prática que sugere a constante apresentação de soluções para problemas, em detrimento de meras reclamações.

• Evitar que o mal-humorado ocupe cargos de chefia, já que um líder com essas características é capaz de gerar descontentamentos e incitar atitudes extremamente negativas entre os subordinados.

• Quando integrantes da equipe levarem para o líder queixas sobre o mal-humorado, é importante que esse líder demonstre a compreensão das dificuldades apresentadas, peça paciência e justifique a importância do sujeito para a empresa (paralelamente, o líder deve conversar com o ranzinza sobre essa questão).

• Uma boa prática, ainda, é atrelar parte do salário ou das bonificações do mal-humorado à avaliação de seu comportamento. Essa atitude pode ser realizada por pessoas com quem ele se relaciona diariamente. Quando esse indivíduo tiver em mente a importância depositada em sua prontidão e disposição para colaborar com quem depende de seu trabalho (e vendo que isso reflete em seu orçamento mensal), ele certamente irá se empenhar em tratar os outros com mais gentileza.

O PROBLEMA DO MAU HUMOR É COM VOCÊ? O QUE FAZER PARA MELHORAR

Como anda seu humor? Quantas vezes você sorri por dia? Quantas exclamações profere em tom de desagrado? Se você não anda de bem com a vida e tem deixado isso claro no ambiente de trabalho, é bom começar a se preocupar com sua estabilidade profissional. Nos tempos atuais, as pessoas demitidas por incompetência técnica são minoria. Pesquisas apontam que mais de 80% das demissões atuais acontecem por problemas exclusivos de relacionamento entre os funcionários, ou seja, por incompatibilidades comportamentais sem nenhuma relação com falta de competência técnica.

O negativismo contamina, atrapalha a vida, a carreira e torna as pessoas chatas. Para o universo administrativo, não há dúvida: o humor é um atributo desejado e muito valorizado no quadro de funcionários. Do ponto de vista pessoal, por sua vez, é fundamental que as pessoas tenham uma rotina agradável, divirtam-se no dia-a-dia, realizem-se com o que fazem. Levando-se em conta que a maior parte dos funcionários e executivos passa no mínimo um terço do dia no ambiente profissional (e que outro terço em geral é dedicado ao sono), é fácil perceber a importância do bem-estar nesse ambiente.

Conseqüentemente, se seu ânimo anda baixo, é hora de reverter a situação. Fique tranqüilo! Você não será obrigado a proferir dezenas de piadas por dia nem fazer os colegas se curvarem de tanto rir. O importante é que você mesmo tenha prazer nos acontecimentos diários, encare o dia-a-dia com leveza e transmita naturalmente esse bem-estar para quem o cerca.

QUAL É O SEU PERFIL?

O determinante na felicidade de uma pessoa não se resume ao que ela possui nem ao que ela vivencia, mas à maneira como encara o que está a sua frente. Você tende a ver o mundo com otimismo ou pessimismo?

Para os queixosos por natureza, o desafio é tentar mudar o padrão de pensamento e passar a ver o lado bom das coisas. Uma revolução como esta não é fácil, mas um bom exercício pode ser o reconhecimento de tudo o que se tem ou que já se conquistou. Conseguir ver a positividade em algo conquistado já é um passo significativo. Um bom exercício é fazer uma lista, por

Situação	Visão otimista	Visão pessimista
Uma reestruturação interna fará com que suas responsabilidades aumentem	Inspiro confiança para meus superiores	Sou explorado
Você será transferido para outra área da empresa	Vejo isso como um desafio e uma oportunidade de conhecer melhor o negócio	Logo agora que estava me sentindo tão seguro na minha posição! Por trás dessa transferência, certamente existe alguém querendo me prejudicar
Seu superior direito será substituído por um profissional vindo de outra empresa	Espero que a sua experiência traga novas perspectivas para o departamento	Lamento a troca, pois líderes vindos de outras empresas costumam demitir velhos funcionários para colocar no lugar pessoas de sua confiança
Os negócios não vão bem e a empresa decidiu ampliar seu ramo de atuação	Ótimo: agora teremos duas frentes de possíveis resultados	Se os negócios já estavam indo mal, imagine agora entrando em um mercado que nem sequer conhecemos

escrito, de acontecimentos importantes ocorridos nos últimos anos e, ao lado de cada um deles, relacionar pelo menos uma repercussão positiva. Com essa breve reflexão, o pessimista dá um grande passo rumo ao otimismo, já que se dá conta de que todos os acontecimentos sempre têm seu lado positivo.

BUSQUE UMA VIDA QUE O SATISFAÇA

Para estar bem no dia-a-dia, é fundamental buscar a felicidade não apenas na carreira, mas em todos os aspectos da vida. É preciso ter consciência de que alcançar a felicidade não é questão de sorte ou privilégio de alguns, mas trata-se de um trabalho diário de esforço e conquista. Para ter uma vida que o satisfaça:

- Faça questão de ser feliz diariamente, por mais que momentos rotineiros de dificuldade sejam vivenciados. Não caia na ilusão de adiar a felicidade para o dia em que tiver um altíssimo salário, uma aposentadoria ou a casa dos seus sonhos.

- Procure uma profissão que permita a você realizar, todos os dias, o que sabe fazer de melhor. Não apenas no lazer, mas no próprio trabalho, faça algo que lhe dê prazer.

- Dê a você mesmo a chance de fazer amigos no ambiente de trabalho. Para isso, tire proveito dos horários de almoço, *happy hours*, comemorações ou mesmo compromissos e reuniões rotineiras. Abra-se e crie oportunidades para interagir com os colegas fora da empresa.

- Seja gentil com as outras pessoas. Fazer os outros felizes certamente irá despertar sensações agradáveis em você.

- Procure ter bom convívio e relacionamento com quem o cerca; tolere as características difíceis e particularidades de cada um.

- Se alguma questão interna estiver incomodando-o, procure solucioná-la o quanto antes para que seu estado de espírito melhore.

- Onde quer que esteja, aja com a maior naturalidade possível, seja quem você é, não minta nem represente para agradar os outros. Ser verdadeiro e agir com autenticidade deixa as pessoas muito mais leves e, conseqüentemente, mais felizes.

- Procure realizar com regularidade atividades que o façam relaxar. Pode ser um banho longo, alguns minutos diários em silêncio, uma prática esportiva, uma bela noitada ou qualquer outra coisa que o agrade.

- Por mais que esteja estabilizado profissionalmente, nunca descuide de seu progresso pessoal. Tenha o hábito de estudar, ler e aprender algo novo todos os dias.

SORRIA, VOCÊ SÓ TEM A GANHAR

Enquanto a cara feia parece amedrontar, o riso, o humor e a gargalhada convidam as pessoas a se aproximarem, já que melhoram relacionamentos entre conhecidos e possibilitam a socialização entre estranhos. O riso, entre companheiros de trabalho, especificamente, ajuda a estreitar os laços, pois aumenta a confiança mútua, estimula a cumplicidade e deixa as pessoas mais abertas, soltas e propensas a fazerem maior uso do humor. Conforme sintetiza o antropólogo Mahadev Apte, da universidade norte-americana de Duke, na Carolina do Norte, "quanto mais riso houver, maiores serão os laços dentro de um grupo".

Para quem aspira chegar a cargos de liderança (ou manter-se neles), o riso também é um grande aliado. Ele diminui a inibição e torna os indivíduos mais sociáveis, extrovertidos e bem-humorados. Diante de problemas e situações difíceis, a capacidade de rir ajuda as pessoas a encontrarem soluções.

Rindo dos problemas ou mesmo das próprias atitudes e modos de ser, é possível se tornar menos rígido e mais espontâneo para com os acontecimentos negativos. O exercício dessas qualidades, por sua vez, deixa as pessoas mais confiantes e com menos receio de errar. De quebra, o riso ajuda a diminuir o estresse, aumenta a energia vital, fortalece o sistema imunológico, minimiza problemas de sono e depressão.

A melhor notícia de todas, enfim, é que o riso pode acontecer independentemente de a pessoa estar completamente feliz e satisfeita. O riso, que pode ser espontâneo, estimulado por outros risos (em seu efeito contagiante) ou mesmo desencadeado por ansiedade, sempre age em prol do estado de espírito da pessoa. Durante uma boa gargalhada ou num momento de diversão, é impossível que alguém consiga vivenciar mal-estar, ressentimento e chateação. Ainda que, temporariamente, ajudem a dissipar sentimentos negativos e a melhorar o estado de espírito das pessoas. Não bastasse tudo isso, o riso ainda desencadeia processos fisiológicos e bioquímicos que contribuem para o bom funcionamento do organismo.

A SAÚDE DE QUEM SORRI

Não bastassem todos os benefícios já apresentados, a boa notícia é que o humor e o riso ainda beneficiam a saúde e o bem-estar das pessoas. É isso mesmo. Pesquisadores já levantaram uma série de vantagens dessas práticas, que ajudam os bem-humorados a restaurarem o equilíbrio do organismo, mantendo-os saudáveis física, emocional e mentalmente.

Muitos estudiosos arriscam afirmar que as emoções positivas são capazes até de salvar vidas, já que dão ânimo, entusiasmo e vontade de viver às pessoas. A capacidade de rir de situações adversas, especificamente, além de gerar respostas fisiológicas para as pessoas, faz com que ainda se sintam mais seguras e com certo domínio da situação incômoda. Assim são afastadas as emoções ruins, que são as grandes propulsoras das fragilidades no organismo.

A seguir, descubra por que o riso faz tão bem para a saúde e veja de que maneira ele é capaz de agir positivamente em qualquer tratamento. Você terá argumentos de sobra para cultivar a alegria em sua vida.

• O riso e a gargalhada exercitam muitos músculos da face, deixando-os mais irrigados e tonificados. Pessoas que expressam alegria tendem a ter pele brilhante e bem nutrida, tornando-se mais atraentes e saudáveis.

• Risos e gargalhadas exercitam músculos do tórax e do abdômen e, conseqüentemente, aumentam a circulação sangüínea nos órgãos internos e beneficiam a saúde de modo geral.

• No sangue, o riso eleva os níveis de endorfina, uma espécie de anestésico natural capaz de aliviar dores e aumentar a capacidade das pessoas para suportar incômodos físicos.

• O riso e a gargalhada geram um trabalho respiratório que melhora a capacidade pulmonar e aumenta o nível de oxigênio no sangue. Vale citar que certos movimentos que acompanham o riso desencadeiam no organismo exercícios próprios para o tratamento de asma e bronquite.

• A risada é um excelente exercício aeróbico e, segundo o psiquiatra William Fry, professor da Universidade de Stanford, um minuto de risada equivale a dez minutos de esteira! De quebra, ela é agradável, gratuita e passível de ser praticada por qualquer pessoa e em qualquer lugar.

- O riso fortalece o sistema imunológico, já que provoca o aumento da quantidade e da atividade de anticorpos que atacam vírus, células cancerígenas etc.

- Por acionar as glândulas lacrimais, o riso umedece os olhos, deixa-os com brilho diferenciado e, dessa maneira, contribui com sua limpeza e proteção.

- O riso ajuda o organismo a liberar emoções negativas (como ansiedade, tristeza, medo, raiva etc.), que atuam como propulsoras da depressão.

PARA RIR MAIS NO AMBIENTE PROFISSIONAL

Nem todo mundo tem facilidade para rir no ambiente profissional. Algumas pessoas não se sentem suficientemente íntimas dos companheiros de equipe para se exporem, outras se fecham por acharem que seus chefes não apoiariam o uso do humor e ainda há aquelas que ficam tão focadas nas obrigações e problemas cotidianos que não vêem motivos para se alegrar durante o expediente. Rir na empresa ou no escritório é extremamente importante para a satisfação pessoal e para o próprio crescimento profissional. Para alavancar este hábito, seguem algumas dicas:

Relaxe e relacione-se bem

Não seja rígido demais com você nem com as pessoas que o cercam. Trabalhar com seriedade e profissionalismo não significa manter a fisionomia tensa. O hábito de franzir a testa, ficar com os ombros travados e ter expressões de preocupação não torna ninguém mais competente. O sorriso combina, e muito, com o trabalho sério. Outro costume saudável é desconsiderar pequenas falhas realizadas por subordinados ou companheiros de equipe. Seres humanos erram (inclusive você) e a melhor maneira de lidar com os equívocos é tirar lições deles.

Para alegrar sua rotina profissional, nada melhor do que conviver com pessoas divertidas, positivas e com alto-astral. Identifique indivíduos com esse perfil e relacione-se com eles tanto quanto possível no horário do expediente, em almoços, intervalos e *happy hours*.

UMA REDE DE RISOS

Quando uma pessoa ouve uma história que julga engraçada, instintivamente quer dividi-la com quem gosta ou com as pessoas que a cercam. Essa iniciativa de compartilhar o engraçado naturalmente convoca os outros a responderem às questões com humor e a tentarem dar a sua participação em relatos de outras situações engraçadas.

Alimente seu senso de humor

Segundo o dicionário *Aurélio*, o humor é a "capacidade de perceber, apreciar ou expressar o que é cômico ou divertido". Em geral, esse humor pode ser desencadeado por estímulos emocionais, cognitivos ou fisiológicos. O fato é que quanto mais uma pessoa se deixa levar pelo humor, maior potencial adquire para vivenciá-lo. Algumas pessoas experimentam-no silenciosamente; outras manifestam-no de maneira mais expressiva, com risos e gargalhadas. Independentemente do estilo de cada um, o senso de humor pode (e deve) ser trabalhado.

Para exercitá-lo e aguçar sua visão cômica do mundo, descubra o que o faz rir e abuse desses elementos em seu tempo livre (podem ser filmes de determinado gênero, livros, contato com amigos etc.). Comprometa-se a fazer pelo menos uma atividade semanal em prol do humor. A própria leitura e a procura de materiais que enaltecem o riso ajudam a alimentar o lado brincalhão das pessoas.

Feito isso, para que o riso conquistado não se perca, uma boa prática é registrar as melhores passagens encontradas. Recorte os quadrinhos mais interessantes, anote as piadas mais engraçadas, colecione as melhores histórias. Tendo em mãos um bom repertório de citações, piadas e casos, fica fácil levar o humor para o ambiente de trabalho. Basta dividir as melhores tiradas com os companheiros e, sempre que for adequado, fazer interferências bem-humoradas.

Estando com o senso de humor aguçado, fica mais fácil ver graça no cotidiano profissional. Situações corriqueiras (em especial as que envolvem momentos de insegurança e nervosismo) podem apresentar lados cômicos e patéticos, principalmente depois de resolvidas. Vale citar que o próprio costume de "dividir as graças" com terceiros também ajuda a aprimorar o senso de humor.

HUMOR EM APRESENTAÇÕES, PALESTRAS, REUNIÕES E TREINAMENTOS

Antes de preparar qualquer tipo de apresentação, é importante ter em mente que a audição seletiva dos ouvintes faz com que eles prestem atenção apenas no que lhes interessa. Ainda que o discurso seja atraente, as pessoas podem se distrair com qualquer coisa que chame a atenção de sua mente, como sono, fome, preocupações, projetos e idéias. Em geral, a velocidade do pensamento é quatro vezes superior à da fala e, por conta disso, quem realmente quer escutar precisa ter paciência, concentração e força de vontade.

Como o humor gera prazer e identificação entre os ouvintes e o palestrante, este acaba por se tornar uma fantástica ferramenta no despertar da audiência, à medida que prende a atenção e facilita a assimilação de novas informações. Quando uma pessoa provoca o riso (por meio de comentários, piadas, histórias etc.), ela rapidamente conquista a audiência. Na expectativa de novas tiradas, todos ficam mais atentos aos depoimentos seguintes e, conseqüentemente, concentram-se no discurso e retêm melhor as informações passadas.

Em reuniões de negócios, igualmente, comentários descontraídos, brincadeiras e piadas bem colocadas podem se tornar bastante convenientes. Entre pessoas com pouca intimidade, em especial, esses artifícios são capazes de quebrar o gelo e levar certa descontração à conversa.

Seja sincero

Se você está descontente, não tente fingir que acha determinada situação engraçada ou que um fato desinteressante a seus olhos desperta seu senso de humor. O fingimento e a artificialidade podem ser bem mais incômodos (para você mesmo) do que a falta de humor. Pratique o humor na medida em que se sentir confortável. Tenha sempre em mente que é muito mais importante você se divertir e ser natural do que vestir máscaras para contentar os outros. Para trabalhar o senso de humor, não pense no que é simplesmente engraçado, mas no que é engraçado para você.

O EFEITO CONTAGIANTE DO RISO E OS CLUBES DO RISO

Se você quer colocar mais riso em sua vida, aproxime-se de quem sorri. De acordo com Robert Provine, professor de Psicologia e Neurociências da Universidade de Maryland (Estados Unidos), o cérebro humano possui mecanismos que tão logo detectam o riso de terceiros, estimulam certas partes do corpo a desencadearem o riso — independentemente da graça da situação em questão. O riso é realmente contagiante e provoca uma manifestação irracional nas pessoas, tornando-as capazes de rir em conjunto sem que tenham motivos concretos (não é à toa que uma série de programas humorísticos coloca risos coletivos em *playback* na seqüência de suas piadas; além de chamar a atenção e despertar o ouvinte, um riso puxa o outro, de modo que os *playbacks* tornam os programas mais divertidos para os espectadores).

Vale ainda ressaltar que pelo fato de o riso ser uma manifestação predominantemente social, estatísticas mostram que as pessoas riem cerca de trinta vezes mais quando estão em companhia de outras do que quando estão sozinhas (essas estatísticas podem ser diferentes diante de estímulos "pseudo-sociais", como a tevê).

Tendo em mente o efeito contagiante do riso e sua importância para a felicidade e a saúde das pessoas, o médico indiano Madan Kataria criou no final do século XX o primeiro Clube do Riso do mundo, localizado na cidade de Bombaim, Índia. O objetivo do clube era divulgar a terapia do riso, uma prática capaz de induzir as pessoas ao riso, com base em exercícios respiratórios da ioga.

Nas primeiras sessões de riso, realizadas por Kataria, piadas eram utilizadas como estímulo desencadeador de gargalhadas. Com o passar do tempo, o médico se deu conta de que as piadas eram dispensáveis no processo e que determinados exercícios respiratórios, por si sós, eram capazes de provocar o riso das pessoas. Como um riso puxa o outro, basta os participantes mais relaxados e desinibidos caírem na gargalhada para os tímidos e acanhados se contagiarem, formando uma grande corrente de risadas.

Quem freqüenta as sessões — que costumam durar cerca de vinte minutos — busca a revitalização, o relaxamento, a redução do estresse e a melhora ou a manutenção da saúde. O criador do clube garante que rir fortifica o sistema imunológico, fortalece a capacidade aeróbica, age contra a depressão, alimenta o senso de humor e beneficia relacionamentos. Ele ainda defende que, por meio dessas práticas, mesmo as pessoas tímidas e introspectivas são capazes de reencontrar sua criança interior e desenvolver o hábito de rir com freqüência.

Com a certeza de que o riso melhora a qualidade de vida de quem o pratica, Kataria defende até os risos forçados. Para ele, além de seus efeitos serem similares aos do riso espontâneo, trata-se de excelente ferramenta para desencadear os "risos reais". O médico indiano ainda argumenta que o riso é uma atividade inata, absolutamente espontânea entre as crianças, que na vida adulta acaba minguando porque falta às pessoas a chance de rir espontaneamente. E é aí que ele enxerga a importância do clube.

Pelo jeito, Kataria não é o único. A idéia do clube do riso tem se difundido significativamente pelo mundo, e hoje existem organizações desse tipo em diversos países da Europa, África, Oceania, Ásia e Américas (inclusive no Brasil).

NEM TODO RISO É CONSTRUTIVO

Antes de fazer o possível e o impossível para gerar risos, fique atento: o humor pode variar de terapêutico a extremamente prejudicial, dependendo do assunto que aborda, de como é feito e das características pessoais do ouvinte. Quando, por exemplo, uma pessoa rebaixa outra para se afirmar, surge um tipo de humor que não acrescenta nada de positivo nos relacionamentos. É prudente, portanto, evitar o humor que fere princípios, valores ou sentimentos dos outros. Também vale a pena fugir do riso baseado em sarcasmo, ridicularização, humilhação de terceiros, preconceitos raciais, sexuais, religiosos ou relativos a enfermidades. Todos esses tipos de humor são muito mais propensos a ferir do que construir.

Antes de brincar com assuntos polêmicos ou delicados, é importante saber com quem se está falando, de modo que a brincadeira (suposto elemento de agrado e aproximação) não acabe gerando mal-estar, hostilidade e afastamento entre as partes envolvidas. É importante ter bom senso, avaliar o ambiente em que se faz a piada, o momento e especialmente as pessoas envolvidas na situação. Em geral, a abertura de um indivíduo para lidar com certas questões está diretamente relacionada a sua história de vida, senso de humor e intimidade com o interlocutor. Para não errar na dose, vale seguir algumas dicas:

• Aprenda a rir de você mesmo. Quando uma pessoa relata com humor situações ou dificuldades vividas por ela, os outros se identificam, na medida em que a percebem como um ser humano tão frágil e suscetível quanto eles.

• Em vez de rir *dos* outros, procure rir *com* os outros.

• Antes de se arriscar numa piada que trate de assuntos polêmicos ou delicados, avalie o ambiente em que ela será contada, as características pessoais de quem vai escutá-la (incluindo sua receptividade para o humor) e o assunto, personagem ou situação-alvo da tirada.

• O humor que tem outras pessoas como foco costuma ser o mais propenso a causar chateações. Em geral, mostra-se mais neutro e "seguro" o humor baseado no próprio interlocutor ou em situações que não façam referências a desgraças ou infelicidades.

DISTIMIA: A DOENÇA DO MAU HUMOR

Se você sofre de mau humor crônico ou convive com algum eterno mal-humorado, é bom saber que pode se tratar de uma disfunção do organismo, uma doença, e não de um estado de espírito ou traço da personalidade. Distimia, ou a "doença do mau humor", é uma depressão leve, persistente, crônica e difícil de ser percebida pelo sujeito que convive com ela.

As pessoas que sofrem de distimia costumam ser tristes, deprimidas e emocionalmente instáveis. Sentem cansaço constante, têm baixa auto-estima e apetite alterado (algumas têm pouco apetite, outras comem compulsivamente). Ficam nervosas com facilidade, apresentam dificuldade de concentração, falta de iniciativa e insatisfação em relação a tudo e a todos (incluindo a si mesmas). Vivem de mau humor, reclamam muito e têm dificuldade de se divertir e sentir prazer em qualquer tipo de atividade, mesmo que seja de lazer. Quem sofre da "doença do mau humor" tende a se isolar e dificilmente consegue sucesso no que realiza, tanto pessoal quanto profissionalmente. Alguns pensam em suicídio e outros de fato cometem-no.

O que mais chama a atenção em distímicos é que sua tristeza não é decorrente de um fato específico (como perda de ente querido, perda de emprego, problemas financeiros etc.). Ela chega em qualquer momento da vida, instala-se e persiste com o passar dos anos, independentemente dos acontecimentos externos.

Diagnosticar a distimia é difícil tanto para o paciente quanto para seus familiares, não apenas por falta de conhecimento sobre o assunto, mas também pelo fato de a doença muitas vezes surgir na infância ou adolescência, confundindo-se com a própria personalidade da pessoa em formação. O distímico, portanto, não costuma ter consciência de que seus sentimentos são decorrentes de um desequilíbrio no organismo e, portanto, sofre por viver nesse quadro de permanente infelicidade.

A boa notícia é que a doença pode ser tratada. Em geral, os psiquiatras que a diagnosticam recomendam psicoterapia associada a antidepressivos. Além disso, atividades sociais, trabalho e atividade física são bastante benéficos, já que inserem o paciente em um ambiente social, fazem-no sentir-se produtivo e beneficiam sua auto-estima.

PARECE IMPOSSÍVEL SER FELIZ NA EMPRESA ONDE TRABALHA? SERÁ QUE VOCÊ ESTÁ NO LUGAR CERTO?

Você não está satisfeito com o que faz? Não se identifica com a filosofia da empresa para a qual trabalha? Não agüenta mais olhar para as pessoas que o cercam? Se está vivendo uma situação dessas, talvez seja hora de mudar. Não assista com tristeza à passagem dos dias. Não deixe a vida correr sem que você acorde feliz e satisfeito com a rotina.

Em uma situação de insatisfação profissional, o primeiro passo é fazer uma análise cuidadosa do que está errado. Se o problema for pontual, específico, vale a pena tentar eliminá-lo, resolver a causa da insatisfação ou mesmo transformar o que for possível. Se a questão for desgosto pelas atividades diariamente realizadas ou relacionamento ruim com o chefe ou com a equipe, a solução pode ser mais difícil, e talvez seja necessário pelo menos uma mudança de departamento. Se, no entanto, houver antipatia pela empresa como um todo ou insatisfação em relação a sua filosofia, o melhor a fazer é procurar outro emprego. Em geral, entre os bons motivos para se decidir mudar de emprego, destacam-se:

- falta de confiança na empresa e nas pessoas para quem e com quem se trabalha;
- descrença nos serviços e produtos oferecidos pela organização;
- desinteresse e falta de orgulho pelas atividades diariamente realizadas;
- antipatia pelas pessoas do trabalho e insatisfação com o clima interno da empresa;
- sensação de estagnação pessoal e profissional;
- sentimento de desvalorização, de falta de respeito ou tratamento preconceituoso por parte dos líderes e empreendedores.

Ao decidir mudar de emprego, a primeira coisa a avaliar é se a busca será na mesma área ou se existe o desejo de tentar outro rumo na carreira. Se for o caso, vale a pena estudar uma nova ocupação, tendo em mente que sempre há tempo de se instruir, fazer contatos, inteirar-se sobre novos nichos e ingressar em novos mercados. Para mudar o rumo profissional, porém, é necessário certo planejamento:

O QUE O MOVE A TRABALHAR?

Caminhar para a construção de uma boa carreira, ter paixão pelo que faz e acreditar no que se está seguindo influencia significativamente o humor das pessoas. Em *A arte da felicidade no trabalho*, o líder dalai-lama estabelece os focos mais comuns das pessoas em relação ao trabalho.

Segundo descreve, há quem trabalhe visando a sobrevivência, com foco no salário, na estabilidade e na satisfação das necessidades básicas. Outros se concentram na carreira, pensando sempre no progresso e no crescimento profissional. Existem também aqueles que se concentram em um chamado, encarando o trabalho com um sentido maior, uma atividade que os eleva, que os faz realizar algo importante para si e para terceiros e os tornam um instrumento para o crescimento pessoal.

Para dalai-lama, o foco (ou motivação) é o grande responsável por determinar o grau de satisfação das pessoas. Conforme detalha, serão menos satisfeitos os funcionários movidos pela sobrevivência, seguidos pelos que buscam uma carreira e, por fim, pelos que trabalham por um chamado, estes sim capazes de se realizar profissional e pessoalmente.

- antes de tudo, identifique o que gostaria de fazer;

- prepare-se para o desafio, adquirindo conhecimentos na nova área. Se houver revistas e livros especializados, leia o máximo que puder sobre o mercado em questão e, na medida do possível, faça cursos de especialização (além de proporcionarem conhecimento, os cursos permitem que você conheça gente na área em que pretende ingressar);

- faça muitos contatos, alimente-os e sonde o mercado tanto quanto puder;

- na medida em que for ganhando conhecimento e sentindo-se preparado, você já pode se lançar no mercado. Mande currículos e expresse seu interesse e abertura para o novo desafio. Não se esqueça de usar a seu favor o conhecimento profissional anterior. Será um diferencial no mercado.

TRABALHE COM SERIEDADE, MAS SEM OBSESSÃO

Para ter sucesso, é importante focar, mas não se deve fazer disso uma obsessão. Uma boa dica é saber equilibrar os momentos de produção (utilizando-os bem) com os de relaxamento. Para isso, algumas dicas importantes:

- Na hora de efetivamente produzir, é conveniente afastar-se (tanto fisicamente quanto em pensamento) das incontáveis distrações e tentações de dispersão.

- Para produzir mais, procure se concentrar em uma tarefa por vez. Querer resolver inúmeras coisas ao mesmo tempo muitas vezes não gera eficiência, mas estresse e frustração.

- É fundamental ter disciplina para parar de trabalhar no horário devido e, ao deixar o escritório, ser capaz de desligar a mente do local.

- As pessoas que se consideram *workaholics* e ainda por cima se orgulham disso devem rever seus conceitos. Essa antiga idéia de trabalho excessivo ser uma virtude está absolutamente ultrapassada no atual modelo administrativo. Hoje, eficiência significa conseguir tempo para trabalhar e participar de atividades físicas, intelectuais, sociais e espirituais.

- É preciso ter em mente que competência é conseguir desenvolver de maneira satisfatória as tarefas, sem se prolongar demais nelas. Para ganhar em tempo e qualidade, é importante saber delegar e administrar adequadamente.

• Não confundir atividade com produtividade. O que mede a eficiência de um funcionário são os resultados que ele produz, e não o tempo passado dentro do escritório.

KAROSHI: MORTE POR EXCESSO DE TRABALHO

No Oriente, já existe uma palavra para designar "morte por excesso de trabalho". É isso mesmo! A superpotência japonesa, exemplo de eficiência e crescimento, teve de incluir em seus dicionários o termo *karoshi*, próprio para designar infortúnios repentinos e fatais que há décadas acometem uma série de executivos.

Devastado pela Segunda Guerra Mundial, em meados de 1940, o Japão se reconstruiu e tornou-se um gigante econômico em cerca de três décadas. A ascensão, no entanto, teve seu preço. Encarando jornadas diárias de dez a doze horas, por seis ou até sete dias na semana, muitos japoneses começaram a ser vítimas de sérias conseqüências físicas e mentais.

Karoshi é o reflexo de tudo isso e foi "detectado e formalizado" nos finais dos anos 1980. Desde então, estima-se que anualmente o excesso de trabalho mate cerca de 10 mil japoneses. São homens e mulheres dos 20 aos 60 anos de idade, especialmente executivos, que num dia estão no escritório e no dia seguinte caem mortos, vítimas de doenças silenciosas, fatais e geradas por estresse, como infartos e derrames. Apesar de se formarem aos poucos no organismo, esses males podem matar repentinamente, descartando, assim, qualquer possibilidade de tratamento e recuperação.

Mergulhados por anos em jornadas de intermináveis horas extras e absoluta pressão por produtividade e competitividade, as vítimas potenciais de *karoshi* tornam-se incapazes de descansar e relaxar, mesmo em horário livre. Não se envolvem com a família nem sabem sequer onde ir quando têm a chance de fazer algo por si. Envolvidas com o trabalho ao extremo, são pessoas seriamente estressadas e algumas vezes apáticas, sem perspectivas, com baixa criatividade, pouca motivação e falta de entusiasmo.

E SEJA FELIZ

Na busca pelo novo emprego, empenhe-se em encontrar o que realmente o satisfaz. Ao pesquisar empresas e analisar as propostas, procure conhecer a filosofia de trabalho, avalie as pessoas com quem irá conviver e as atividades que irá realizar. O auge da satisfação é conciliar atividades das quais gosta sem abrir mão dos princípios e valores pessoais. E isto é possível.

Uma atitude importantíssima é ter em mente que sua satisfação profissional não está nas mãos de terceiros, mas nas suas próprias. É você quem deve procurar mudanças quando estiver insatisfeito e buscar melhorias e crescimento em sua condição profissional. Enfim, é importante que, além de fonte de sustento, o trabalho seja um instrumento de crescimento, conquistas e realizações.

ECONOMIZE, CONQUISTE SUA LIBERDADE E SORRIA

Para ter a liberdade de agir conforme seus ideais em qualquer fase da vida, uma excelente medida é juntar economias e conquistar certa autonomia financeira (pelo menos por alguns meses). Com isso, você pode trabalhar por seu crescimento e buscar novas experiências sempre que necessário, sem se prender a isto ou aquilo por conta do aluguel ou do supermercado do mês seguinte.

Para conseguir tal autonomia, a matemática é bastante simples: mantenha um padrão de vida pelo menos um pouco inferior às suas possibilidades salariais, de modo que todos os meses você seja capaz de poupar um pouquinho; além disso, fuja das dívidas tanto quanto puder, evitando parcelamentos, empréstimos e afins. Com vontade de ser feliz e algum dinheiro no bolso, você jamais será escravo de um ambiente profissional que o desagrada.

A EMPRESA EM PROL DO HUMOR

Os funcionários constituem um dos maiores patrimônios de qualquer empresa, e sua satisfação e retenção estão diretamente ligadas à produtividade do negócio. A perda de pessoal qualificado, bem treinado, a par dos assuntos da empresa e alinhado com sua filosofia implica saída de informações internas, desfalques operacionais e investimento obrigatório em seleção e treinamento.

Conquistar a fidelidade dos funcionários deve estar entre os objetivos de todo empreendedor. O pacote de trabalho oferecido pela empresa deve ser suficientemente atraente para não despertar nos indivíduos o desejo de abandono, procura por outros empregos ou aceitação de propostas de concorrentes. Um bom salário é relevante, mas não é o único item capaz de mudar o estado de espírito de um funcionário em relação à empresa. Os sentimentos de respeito e valorização, estes sim, no longo prazo, fazem a diferença.

Entre os reflexos da satisfação dos funcionários destacam-se o humor de cada um, o clima interno nos departamentos e até mesmo a produtividade. É certo que o investimento na satisfação é benéfico para qualquer organização. Mas aí vem a dúvida: como fazer esse investimento? Onde deve estar o foco das ações? Quais as melhores medidas para realmente beneficiar o funcionário e a empresa?

Executivos e teóricos já identificaram e testaram inúmeras ações capazes de minimizar o desgaste profissional diário das pessoas, na tentativa de melhorar o relacionamento nas equipes e fortalecer vínculos positivos com a empresa. De modo geral, as principais ferramentas de uma empresa são: a adoção de bons valores morais, a prática de condutas motivadoras no dia-a-dia, o desenvolvimento de programas de benefícios e a garantia da qualidade de vida dos funcionários.

VALORES MORAIS E CONDUTAS MOTIVADORAS

Houve um tempo em que a remuneração era a maior motivadora do mercado de trabalho, e um bom salário justificava todo tipo de desgaste rotineiro. Hoje, bons profissionais buscam conciliar o sustento com o prazer e a qualidade de vida dentro de culturas corporativas que os valorizam. Eles sabem que trabalhar com leveza e satisfação é possível.

Mais do que qualquer política de benefícios, os valores morais da empresa têm um peso significativo sobre a realização dos funcionários. O estilo gerencial determinado pelo líder maior deve dar o "bom-tom" da organização, e conduzir as políticas dos departamentos.

O instituto norte-americano de pesquisa Great Place to Work, que escuta e avalia depoimentos de profissionais do mundo todo desde 1980, identificou os aspectos mais valorizados pelos funcionários de empresas com alto índice de satisfação interna. As qualidades principais são cinco e podem ser divididas em três grupos: relações entre empregadores e funcionários; relações entre funcionários e trabalho (ou empresa); e relações dos funcionários entre si.

Nas relações entre empregadores e funcionários, a *credibilidade*, o *respeito* e a *justiça* foram os valores mais apontados. A *credibilidade*, nesse caso, pode ser traduzida como a percepção do funcionário sobre a competência dos líderes em coordenar recursos humanos e materiais, sua integridade de agir conforme os valores da empresa e práticas de comunicação aberta e acessível. No quesito *respeito* estão incluídas as atitudes dos administradores, que devem demonstrar apoio, colaboração e interesse pelos pontos de vista dos funcionários, contribuindo com seu desenvolvimento profissional, na medida em que demonstram reconhecimento (quando for o caso) e importam-se com eles como seres humanos. A *justiça*, enfim, refere-se à imparcialidade, igualdade de tratamento e justiça vista pelos funcionários no ambiente de trabalho, em detrimento de qualquer tipo de favoritismo ou discriminação.

Nas relações entre funcionários e trabalho (ou a empresa), o instituto detectou a importância de haver *orgulho*. Para estarem realmente satisfeitas, as pessoas têm que vestir a camisa da organização para a qual trabalham, ter admiração pelo que fazem, por sua equipe e pelo que produzem. Finalmente, no relacionamento entre os funcionários é necessário que haja *companheirismo*, em um ambiente amigável, acolhedor e com pessoas munidas de espírito de equipe.

Considerando os valores descritos acima, confira algumas práticas capazes de impulsionar a satisfação dos empregados:

Respeito pelos funcionários

Para os empreendedores, a boa notícia: um dos mais importantes fatores de motivação e clima positivo dentro de uma empresa não custa sequer um centavo. Trata-se do respeito pelo funcionário e da maneira como a empresa se relaciona com cada um, independentemente de seu nível hierárquico.

Nessa prática, pressupõe-se que a empresa tenha consideração pelo funcionário em todas as atitudes, sendo honesta na troca de informações, honrando seus compromissos e construindo relações de confiança mútua. Se os funcionários não se sentem respeitados, cria-se um clima de insegurança, de desconfiança e de rivalidade, impossível de ser superado até pelos mais atraentes programas de benefícios. O líder deve estar atento aos mínimos detalhes cotidianos, já que até atitudes aparentemente inofensivas — como convocar uma reunião no final do expediente ou passar um trabalho extra sem justificativa — podem ser recebidas pelos funcionários como ações desrespeitosas.

Nos "princípios e valores" da Schering do Brasil, empresa do mercado farmacêutico, estão presentes a valorização do indivíduo, a importância de um ambiente de trabalho saudável e de respeito. A empresa revela preocupação com o bem-estar dos funcionários e com a manutenção de um ambiente de trabalho saudável e harmonioso, o que reflete diretamente no clima de trabalho. Segundo levantamentos realizados em pesquisas internas, os funcionários de fato se sentem acolhidos e tratados com consideração pela empresa e sentem orgulho de trabalhar nela.

Liderança coerente

É importante que os líderes tenham atitudes coerentes com os ideais da empresa. Além de contratar profissionais competentes, os executivos devem manter contato constante com todos os líderes e departamentos, assegurando que as unidades menores atuem de acordo com a filosofia maior da empresa.

Possibilidade de crescimento e desenvolvimento profissional

Em qualquer tipo de negócio e nível hierárquico é importante que os funcionários tenham perspectivas constantes de aprendizado, crescimento e desenvolvimento profissional. As empresas que têm a prática de conceder treinamentos, promoções internas ou mesmo mobilidade lateral entre departamentos formam indivíduos muito mais motivados.

Uma das maneiras de dar abertura para a mobilidade é permitir que todos tenham acesso a algumas habilidades básicas do negócio. Além de a iniciativa dar aos indivíduos uma ampla visão da empresa, contribui com a compreensão dos funcionários sobre as necessidades de outras equipes e abre caminho para que estas manifestem interesse por outras áreas. Não bastasse a satisfação dos funcionários propriamente ditos, o dinamismo pessoal pode ser benéfico por possibilitar uma rápida realocação, para a empresa, no caso de necessidade.

Além disso, é fundamental que os funcionários considerem suas tarefas estimulantes. Algumas pessoas têm insaciável sede de desafios; outras podem executar uma mesma tarefa com satisfação por anos. A empresa deve identificar o perfil dos funcionários, investir e tirar o máximo proveito de cada um dentro de suas potencialidades.

Política de reconhecimento e recompensa

Dentro das atuais políticas de recompensas, é fundamental que o sucesso da empresa e de ações bem-sucedidas não reflita apenas no bolso dos acionistas. Funcionários responsáveis por bons resultados, resoluções de questões complexas e esforços relevantes devem ser reconhecidos e recompensados. Conforme a importância do feito, a compensação pode acontecer na forma de reconhecimento diante da diretoria, prêmios, bônus, comemorações, promoções etc. Quando um sucesso é reconhecido, tanto os funcionários premiados quanto outros da empresa sentem-se motivados para a realização de novos esforços. Ao desenvolver uma política de reconhecimento, é importante:

- Estabelecer e solidificar a cultura de que as conquistas da empresa também são revertidas em benefício dos funcionários.

- Basear-se nas metas perseguidas pela empresa para estabelecer recompensas e prêmios. A oferta de bônus, cursos, viagens e outras recompensas atreladas à conquista de resultados concretos é extremamente motivadora para funcionários e equipes.

- Considerar a possibilidade de conceder prêmios por ações louváveis não previstas (como o comportamento exemplar de um funcionário diante de uma situação delicada).

IDÉIAS QUE VALEM DINHEIRO

Na Samarco Mineradora, as boas idéias dos funcionários valem dinheiro. É isso mesmo. Apoiados no projeto denominado "Campo de idéias", os funcionários ficam à vontade para dar sugestões relativas ao ambiente de trabalho, eliminação de desperdícios, melhora do aproveitamento do maquinário, aperfeiçoamento de processos etc. Quando as idéias são implantadas, os responsáveis por elas recebem prêmios em dinheiro. Por meio dessa gestão participativa, a empresa estimula a iniciativa, a criatividade e a capacidade de observação e análise de todos os que passam a ser capazes de contribuir com o gerenciamento de processos, com base em sua vivência e rotina profissional.

• Não apenas premiar, mas também divulgar. Quando um funcionário for receber qualquer tipo de condecoração, é importante revelar o caso publicamente para a empresa. Celebrações para entrega de prêmios e comemorações por resultados alcançados enaltecem as conquistas e reforçam o conceito de que a empresa apóia quem contribui com o seu crescimento. A valorização das conquistas ainda revela a força e a capacidade da organização como um todo, alimentando o orgulho dos funcionários que nela trabalham. Nas entrelinhas, a atitude também aponta os melhores funcionários, equipes e iniciativas como modelos a serem seguidos.

• Considerar avaliações sistemáticas de todo o quadro de funcionários, nas quais devem ser apontados os indivíduos que se destacaram no período.

Boa comunicação interna

Quando eficiente, honesta e transparente, a comunicação interna divulga e solidifica a identidade da empresa, além de construir um importante elo em diferentes equipes e entre funcionários, líderes e direção.

A comunicação que parte da diretoria deve expor valores, objetivos e filosofia da organização, além de divulgar novos projetos e iniciativas, desempenho dos produtos no mercado, resultados do período etc. Ela pode ser realizada por meio de revistas, jornais, cartazes, comunicados eletrônicos ou, o que é ainda preferível, apresentações coletivas envolvendo funcionários e executivos de todos os níveis hierárquicos. Uma comunicação desse tipo deixa os funcionários esclarecidos sobre o que é e o que vive a empresa, criando uma visão homogênea e clara sobre questões internas. Além de fazer os funcionários se sentirem importantes e respeitados, trata-se de uma excelente oportunidade para fortalecer o marketing interno, pois divulga iniciativas louváveis de funcionários, prêmios e conquistas da empresa.

Também é importante que os funcionários tenham canais de comunicação direta com os líderes da organização, por meio dos quais possam fazer perguntas, reclamações, sugestões e pedidos sobre qualquer assunto. Esses canais podem ser eventos e reuniões periódicas de líderes com departamentos, almoços e jantares ou até mesmo abertura para conversas e trocas de informação via *e-mail*. Além de estimular a revelação de propostas, comentários e críticas construtivas, isso ainda alimenta o comprometimento entre funcionários e gestores.

Dentro das equipes, *feedbacks* do desenvolvimento dos funcionários por parte de seus supervisores diretos devem ser realizados com freqüência e podem acontecer em avaliações periódicas de desempenho. Além dessas avaliações, deve haver abertura permanente para uma comunicação informal entre eles.

SAÍDAS ALTERNATIVAS

Sem a possibilidade de reunir o quadro completo de funcionários durante o expediente, algumas empresas realizam, em horários alternativos, encontros sistemáticos do presidente com certos departamentos (podem ser cafés-da-manhã, almoços, *happy hours* etc.). Isso permite que os líderes conheçam pessoalmente todos os funcionários da organização, sem que se comprometa o andamento do negócio. Nessas reuniões, eles se pronunciam e abrem espaço para reclamações, esclarecimento de dúvidas e sugestões.

Eduardo Bernini, presidente da AES Eletropaulo, participa mensalmente de um café-da-manhã com grupos de trinta a quarenta funcionários pertencentes a todos os níveis hierárquicos. Neles, Bernini ouve histórias, reclamações, inconformismos e sugestões, conquistando um bom grau de entendimento da empresa e gerando, nos funcionários, a certeza de poderem interagir com a direção e participar ativamente do andamento da empresa.

O relacionamento entre as equipes, por sua vez, pode acontecer por meio de reuniões, exposições, dinâmicas etc. O simples fato de os funcionários de um departamento conhecerem as atividades cotidianas realizadas por outros funcionários implica entendimento e companheirismo, contribuição e inclusive a possibilidade do surgimento de processos que facilitam o andamento de operações encadeadas.

Incentivo ao clima positivo

Para as pessoas trabalharem com mais prazer, é fundamental que o ambiente seja amigável e acolhedor, com valorização da amizade e companheirismo entre os funcionários. Com otimismo, diversão, humor e bom relacionamento entre companheiros de trabalho, tudo flui melhor. Para melhorar o clima no ambiente de trabalho, uma série de ações podem ser colocadas em prática:

Comemorações

Sempre que houver motivo e oportunidade, vale a pena promover confraternizações: em aniversários, datas festivas, projetos concluídos, conquistas, promoções, celebração de bons resultados etc. Eventualmente, essas comemorações podem inclusive ser abertas aos familiares dos funcionários. Em datas de tradicionais trocas de presentes, há a opção de realizar amigos secretos e, uma ou duas vezes ao ano, a empresa ainda pode promover uma gincana ou evento esportivo entre os funcionários (como uma mini-olimpíada). Atividades desse tipo possibilitam a criação de laços mais estreitos entre funcionários, o que, conseqüentemente, beneficia o clima interno.

Relaxamento

É fundamental que haja um ambiente para relaxamento na empresa, mesmo que ele seja informalmente escolhido pelos funcionários. Dependendo das instalações disponíveis, pode ser o local do cafezinho, uma varanda, um jardim, uma sala com sofás etc. O importante é que seja um ambiente afastado da mesa de trabalho e que permita um intervalo para descanso ou bate-papo entre companheiros em qualquer momento do dia. Algumas empresas levam esse aspecto bastante a sério e montam ambientes específicos para esse fim: salas de jogos, varandas com redes, jardins com mesinhas e até mesmo salas de humor, onde são disponibilizados quadrinhos, livros, revistas e vídeos divertidos.

Pequenos agrados

Pequenas surpresas podem quebrar a rotina, despertar sentimentos positivos e alegrar o dia dos funcionários. Se os funcionários encontrarem um bombom na mesa ao voltar do almoço, se tiverem flores na sala pela manhã ou forem surpreendidos com picolés no final da tarde, certamente receberão a atitude como um agrado. Isso pode ser feito tanto pela empresa quanto por pessoas do próprio departamento.

Dia feliz

Periodicamente, a empresa pode proporcionar uma delícia extra aos funcionários. Um dia da semana, ou talvez uma vez por mês, promover um almoço prolongado com os funcionários das equipes, permitir uma saída antecipada no final da tarde ou desobrigar os funcionários a vestirem o traje exigido na rotina. Algumas vezes ao ano, pode-se ainda promover palestras e eventos voltados para o lazer, como apresentações de humor, mágica, números teatrais etc.

A PLANILHA DO HUMOR

Algumas empresas possuem na entrada dos departamentos quadros com os nomes ou retratos dos funcionários. Todas as manhãs, os sujeitos colocam um ícone ao lado de sua imagem, revelando seu estado de espírito. Por meio desse artifício, tanto supervisores quanto colegas de trabalho ficam sabendo como estão os companheiros. Se alguém está em um dia ruim, o supervisor e os mais amigos podem procurá-lo para conversar, enquanto os menos íntimos podem ter mais cautela para não agredi-lo. Algumas empresas que adotaram essa prática perceberam a diminuição do absenteísmo e o aumento do coleguismo nas equipes.

Ode ao humor

Quanto mais estímulo houver para o humor se manifestar no ambiente de trabalho, mais ele será praticado. Uma das mais importantes ferramentas para a manutenção do clima positivo é o humor e, conforme já foi dito, ele alimenta o riso, alivia a tensão dos funcionários, incentiva o companheirismo e a leveza no ambiente. O riso é positivo para qualquer negócio, e é importante que os funcionários de todos os níveis hierárquicos sintam-se à vontade para exercitá-lo. A seguir, estão relacionadas algumas ações (individuais ou promovidas pela empresa) capazes de ajudar as pessoas a resgatarem o senso de humor no ambiente de trabalho:

- Valorizar e incentivar as brincadeiras.

- Colocar um "painel do humor" no ambiente de trabalho, no qual os funcionários possam afixar quadrinhos que fazem alusão a "comédias empresariais", piadas, fotos e relatos cômicos, relativos à empresa ou não. É um modo de manter uma constante pitada de humor no ambiente profissional e lembrar às pessoas de que pode ser divertido prestar atenção nas situações cotidianas.

- Incluir frases, desenhos, pequenas histórias ou qualquer tipo de citação bem-humorada nos avisos internos.

- Montar e disponibilizar em algum local do escritório um apanhado de quadrinhos, piadas e passagens engraçadas, que podem ser retiradas de jornais, revistas, livros, situações cotidianas etc.

CONSELHOS DE ESPECIALISTAS DO RISO

Para quem pretende encarar o humor como mais uma prioridade da empresa, o humorista e consultor empresarial Michael Kerr sugere a inclusão dessa qualidade na declaração de missão do negócio. Ele acredita que o humor deve ser tido como um dos valores principais de qualquer organização e por isso deve merecer avaliações, treinamentos e referências diante dos objetivos e planos de trabalho. O teórico norte-americano Gerald H. Graham vai além ao afirmar que atividades relacionadas ao humor devem ser realizadas sistematicamente, com intervalos máximos de três meses.

- Disponibilizar uma câmera fotográfica para os funcionários das equipes registrarem momentos diversos e, dali, gerarem materiais cômicos. Por exemplo: "a fisionomia de determinado funcionário antes da reunião de avaliação de desempenho", "o sorriso do outro depois do anúncio de promoção", "o estado do outro no dia seguinte de uma determinada festa" etc.

• No final do ano ou em qualquer outra ocasião que mereça, criar videoclipes cômicos, mostrar fotos, dizeres e os melhores (e piores!) momentos dos funcionários.

• Fazer concursos diversos elegendo a gravata mais feia do ano, o discurso mais longo, a melhor imitação do chefe etc.

PROGRAMAS DE BENEFÍCIOS E QUALIDADE DE VIDA: AÇÕES CONCRETAS EM PROL DA SATISFAÇÃO

Quando os funcionários têm qualidade de vida e se percebem tratados com respeito pela empresa — que pratica as atitudes e os valores recém-citados, aliados a benefícios diversos —, o clima interno vai às alturas; funcionários satisfeitos dão o melhor de si e as "empresas camaradas" só têm a ganhar. Por causa disso, empresas do mundo todo têm voltado suas atenções para a qualidade de vida e a satisfação dos funcionários.

Os empreendedores de hoje sabem que os funcionários não são exclusivamente profissionais; são pessoas comuns (pais, mães, filhos, amigos) que, para se sentirem realmente bem, precisam ter a chance de vivenciar todos os aspectos de suas vidas. O que se passa com os funcionários fora do horário de trabalho, portanto, merece a atenção da empresa. É importante saber se esse funcionário tem vida pessoal, cuida da saúde, alimenta-se bem, tem dinheiro para o transporte diário, tempo para se relacionar com a família, pratica esportes, dorme o suficiente e assim por diante. E uma maneira de incentivar práticas saudáveis em todos esses aspectos são os programas de benefícios e qualidade de vida.

Visando alavancar a realização pessoal dos funcionários, tais programas de incentivo podem atuar em incontáveis frentes. Algumas empresas exibem ofertas bastante tradicionais e discretas — como vale-transporte, vale-refeição e assistência médica —, enquanto outras recorrem a opções tão atraentes quanto bônus para quem sai de férias e licença-maternidade prolongada. O importante é que o benefício de fato atinja os contemplados e agregue algo à sua satisfação pessoal e profissional.

A HIERARQUIA DAS NECESSIDADES

Em meados do século XX, observando a importância das necessidades não atendidas na dinâmica do comportamento humano, o psicólogo norte-americano Abraham Maslow criou a chamada hierarquia das necessidades. Também conhecida como pirâmide de Maslow, tem sido bastante utilizada pelas empresas na hora de montarem seus pacotes de benefícios.

Em seus estudos, Maslow se deu conta de que o ser humano é motivado a suprir suas carências ou necessidades; enquanto não consegue este intento, a pessoa fica totalmente voltada para a possibilidade de satisfazê-la. Maslow afirma, ainda, que as necessidades humanas têm um grau de prioridade, e propõe sua divisão em cinco níveis crescentes, que vão de necessidades inferiores a superiores. Independentemente do nível social e cultural das pessoas, suas prioridades são as necessidades fisiológicas, como alimentação, saúde e sono. Em seguida, vem uma lista que, conforme vai sendo atendida, dá lugar a desejos mais grandiosos. Maslow detalha que tão logo uma necessidade é satisfeita, ela passa a ser vista como algo natural e corriqueiro, de modo que uma necessidade maior acaba sendo criada, e assim sucessivamente. Essa busca contínua dos indivíduos os impulsiona, fazendo com que progridam, amadureçam e caminhem rumo à auto-realização. A seqüência crescente de necessidades identificadas por Maslow (e que compõem os níveis de sua pirâmide) é a seguinte:

Necessidades fisiológicas

São as necessidades mais básicas do ser humano, como comida, sono, água, ar etc. Quando não satisfeitas, as pessoas invariavelmente sentem irritação, desconforto, dor ou até ficam doentes. Apenas após essas necessidades serem supridas é possível liberar a mente para qualquer outra atividade física ou intelectual.

Necessidade de segurança

Na pirâmide de Maslow, segurança tem um sentido bastante amplo, pois representa a estabilidade da pessoa em relação a casa, família, emprego etc. Estar em segurança significa ter uma família equilibrada, uma boa moradia e um emprego estável. Um integrante da família que bebe, usa drogas ou é agressivo, por exemplo, invariavelmente perturba a vida do funcionário. A violência das cidades, do mesmo modo, gera medo, compromete a segurança das pessoas. Além de conquistas materiais, outros aspectos que podem ajudar as pessoas a se sentirem mais seguras são os programas de acompanhamento psicológico, orientação educacional e apoio espiritual.

Necessidade de amor

Falando de amor, Maslow refere-se não apenas ao amor conjugal, mas também ao afeto entre amigos, grupos sociais, família etc. Os seres humanos têm necessidade de se sentir amados, aceitos por semelhantes e pertencerem a grupos, que podem ser religiosos, de trabalho, de estudo, de amigos etc. Todo tipo de atividade social contribui para a satisfação dessa necessidade.

Necessidade de estima

Esse nível da pirâmide se traduz na necessidade de os indivíduos se sentirem valorizados, admirados e reconhecidos por terceiros. O que diferencia um nível da pirâmide do anterior é a necessidade de estima que se refere especificamente à capacidade das pessoas de despertar a admiração dos outros e de ter poder, graças às suas habilidades, domínio de certas tarefas ou mesmo por possuir determinado bem material. É o que move tanta gente a querer exibir carros e objetos de valor, por exemplo. Em geral, quem tem esse tipo de necessidade como objetivo já possui as necessidades anteriores satisfeitas.

Necessidade de realização

Para Maslow, a realização é a necessidade de nível mais alto da pirâmide e se traduz em conhecimento, satisfação em relação à espiritualidade, à paz etc. Trata-se, enfim, de a pessoa se encontrar e se aperfeiçoar em suas preferências, potenciais, habilidades e em tudo o que realmente gosta na vida.

A APLICAÇÃO DA PIRÂMIDE DE MASLOW EM PROGRAMAS DE BENEFÍCIOS

Para aplicar os conceitos de Maslow na criação dos programas de benefícios de uma empresa, o primeiro passo é identificar em que nível da pirâmide estão as pessoas em questão. De nada adianta, por exemplo, presentear com um cruzeiro à Grécia funcionários que não têm dinheiro para se alimentar ou para pagar o tratamento médico dos filhos.

Na seguradora Tokio Marine, por exemplo, os levantamentos das necessidades dos funcionários são feitos juntamente com a investigação de clima interno e satisfação, mediante pesquisas de clima organizacional. Por meio delas, além de conhecer a visão dos funcionários em relação aos aspectos gerenciais, os dirigentes avaliam sua satisfação quanto aos benefícios oferecidos e às possíveis alternativas de novos programas.

Pensando especificamente nos benefícios, os profissionais dessa seguradora consultam médicos e fisioterapeutas, que ficam de plantão na empresa e tabulam as queixas dos funcionários; assim, tornam-se capazes de verificar os males que prejudicam com maior freqüência a saúde deles. Tendo todas as informações em mãos, essa equipe identifica as maiores necessidades dos entrevistados e, a partir daí, o departamento de recursos humanos monta os programas de benefícios da empresa. O princípio básico é traduzir, em atitudes práticas, as necessidades dos funcionários.

No ano de 2005, por exemplo, foram várias as ações desenvolvidas pela seguradora. Seguindo a prioridade de necessidades apontadas pela pirâmide de Maslow, a empresa começava o dia oferecendo café-da-manhã a todos. Por mais simples que fosse o desjejum (café com leite, chocolate e pão com manteiga), este alimentava os funcionários, já que com fome ninguém trabalha bem. Servindo o café até dez minutos antes do horário de entrada, o gerente de RH Leo Mizoe ainda incentivava a pontualidade dos funcionários e contribuía para o entrosamento de todos.

Depois do café, chegava a hora da ginástica laboral, com o fim de eliminar a tensão e as dores musculares, bem como criar condições favoráveis à concentração. Com o intuito de evitar lesões por esforço repetitivo (LER) e distúrbios osteomoleculares (DOT), um professor de educação física promovia sessões de dez minutos de alongamento para os funcionários. Por conta da iniciativa, aliada a sessões gratuitas de *shiatsu* para quem solicitasse, a incidência dessa patologia na seguradora foi nula no ano em questão.

Na hora do almoço e no final do expediente, ficavam disponíveis para os funcionários mesas de carteado, pingue-pongue e sinuca, uma grande televisão e uma quadra poliesportiva. Eram momentos em que o relaxamento e o entrosamento voltavam a ser prioridade, beneficiando tanto a saúde quanto a “necessidade de amor” de todos eles. Com esse mesmo intuito, mensalmente eram promovidas festas para todos, variando entre churrascos, noites da pizza etc.

No dia-a-dia, os funcionários da empresa ainda tinham à disposição médico, dentista, dermatologista e fisioterapeuta, que atendiam na própria seguradora (alguns deles ficavam de plantão o dia todo). Não bastassem esses benefícios, os empregados ainda recebiam vale-refeição, vale-alimentação (para supermercado), assistência médica e odontológica, auxílio-medicamento, bolsa de estudos para inglês e bolsa parcial para cursos de pós-graduação — itens que atuam tanto nas necessidades fisiológicas quanto nas de realização.

Sistematicamente, a seguradora ainda promoveu atividades de lazer para desenvolver habilidades nos funcionários. Foram vários torneios (de xadrez, vôlei, futebol, truco etc.), que estimulavam o raciocínio, a integração, o entrosamento, a liderança e outras habilidades. Com esses elementos, a Tokio Marine garantiu, no período em questão, um altíssimo nível de satisfação dos funcionários e um ótimo clima interno.

BENEFÍCIOS PARA TODOS OS GOSTOS (E BOLSOS!)

Os benefícios oferecidos pelas empresas costumam atuar em diversas frentes, como saúde, lazer, educação, aspecto social ou mesmo remunerações extras decorrentes de um bom desempenho individual ou da empresa como um todo.

Ao trabalhar com benefícios, porém, é importante fazer levantamentos periódicos para verificar se os esforços estão de fato agradando aos beneficiados. Pensando nas diferenças de prioridades de dezenas, centenas ou, às vezes, até de alguns milhares de funcionários, certas empresas já desenvolvem pacotes flexíveis de benefícios. Cada indivíduo recebe uma série de opções, a partir das quais monta seus pacotes. A medida tem duas vantagens: além de os funcionários receberem benefícios que realmente fazem diferença, eles ainda se sentem privilegiados em poder escolher. Iniciativas desse tipo fazem as pessoas valorizarem mais o que recebem, minimizando o risco de os benefícios serem vistos com indiferença. Também com o intuito de valorizar o que oferecem, algumas empresas têm a prática de revelar aos funcionários os valores totais gastos em incentivos.

Antes de definir quais benefícios serão estipulados, é importante ter em mente o que você na verdade pretende com a iniciativa, como verificar se as ações escolhidas atenderão aos objetivos da empresa, certificar-se de que a verba reservada para as ações será suficiente, planejar os detalhes do programa e, por fim, colocá-lo em prática. A seguir estão relacionadas diversas práticas de benefícios colocadas em prática no mercado:

Pelo desenvolvimento pessoal dos funcionários

A fim de estimular o desenvolvimento pessoal e também profissional dos funcionários, algumas empresas promovem programas educativos, como cursos sistemáticos ou esporádicos. É comum, ainda, a concessão de bolsas parciais ou integrais em escolas de idiomas, cursos de especialização ou mesmo universitários. Também é considerado um incentivo ao desenvolvimento pessoal permitir que os funcionários saiam mais cedo ou cheguem um pouco mais tarde para poder cumprir o horário de seus cursos.

Em benefício da família

Para garantir o bem-estar da família dos funcionários, várias empresas oferecem benefícios direcionados a filhos e cônjuges. Algumas delas promovem programas educativos relativos ao uso de drogas, tabaco e orientação sexual, enquanto outras preferem oferecer vale-transporte ou bolsas de estudo (integrais ou parciais).

QUEM ESTUDA SÓ TEM A GANHAR

Para incentivar o desempenho escolar dos filhos dos funcionários, as Empresas Petróleo Ipiranga criaram, em 1995, o Programa de Incentivo ao Desempenho Escolar. De acordo com esse programa, as crianças, adolescentes e jovens aprovados no ano letivo, com médias iguais ou maiores às estipuladas pela empresa, recebem um prêmio em dinheiro, independentemente de estarem no primeiro grau, ensino médio ou em cursos superiores. Bom para os estudantes — que têm um estímulo extra para estudar e conseguem um rendimento no final do ano — e para os pais, que vêm os filhos mais estimulados e empenhados nos estudos.

Certas empresas vão além, pagando também o auxílio-educação, que é uma espécie de salário simbólico para crianças em fase escolar.

Para quem tem bebês, algumas organizações (especialmente as que possuem muitas mulheres no quadro de funcionários) oferecem berçários e creches em suas instalações. Desse modo, incentivam o aleitamento materno e proporcionam tranqüilidade e praticidade para as mães durante os primeiros anos de vida dos filhos. Além disso, é relativamente comum a distribuição de cesta básica e vale-alimentação (para supermercados), bem como planos de assistência médica que se estendem a toda a família.

Benefícios financeiros

Apesar da importância dos diversos atrativos e valores morais citados neste capítulo, o dinheiro no bolso continua sendo uma recompensa extremamente estimulante para os profissionais. Oportunidades de recompensa financeira e obtenção de rendimentos superiores ao salário mensal atuam como grande estímulo para os funcionários. Para contentá-los nesse quesito, as empresas contam com inúmeras alternativas:

- Distribuição de lucros: existe uma enorme flexibilidade para a aplicação dessa ferramenta. As empresas podem fazer distribuições anuais, semestrais, trimestrais ou ao final de um período específico. Podem atrelar esse benefício à conquista de objetivos pessoais, da equipe ou da empresa como um todo (de preferência, preestabelecidos em negociações realizadas entre a empresa, os chefes de departamentos e os próprios funcionários).

• Bônus sobre conquistas específicas: a política de bonificação também costuma ser atrelada ao alcance de metas preestabelecidas. Estas são bastante empregadas em especial em equipes de vendas, cujos resultados financeiros são facilmente mensuráveis. Uma grande vantagem dos sistemas de bonificação e de distribuição de lucros é fazer com que os funcionários se beneficiem com o sucesso da empresa, o que passa a ser um grande estímulo na motivação do aumento da produtividade.

• Reajuste salarial mensal com base na inflação: em vez de esperar o decorrer de um ano, como faz a maioria das empresas, algumas delas optam por reajustar os salários mensalmente, de acordo com a inflação. Desse modo, os funcionários sabem que podem esperar um incentivo a mais a cada mês. Certas empresas ainda oferecem aumentos de salário regulares, de acordo com o tempo de casa.

• Pagamento total ou parcial de planos de previdência.

Pela rotina dos funcionários

Para facilitar o dia-a-dia dos funcionários (tanto em termos práticos como financeiros), algumas empresas oferecem diversas estruturas facilitadoras. No que se refere ao deslocamento para o trabalho, por exemplo, algumas oferecem vale-transporte ou conduções fretadas pela própria empresa. Para a alimentação dos funcionários, são oferecidos restaurantes internos com refeições gratuitas ou a preços simbólicos. Quando a empresa tem restaurantes próximos, em geral faz uso do vale-refeição. Além desses itens, certas organizações de grande porte ainda contam com bibliotecas, locadoras de vídeos, farmácias, lavanderias e outros espaços internos dedicados ao comércio e serviços em geral (alguns gratuitos, outros pagos de acordo com o mercado e outros ainda a preços simbólicos).

Incentivo a férias, viagens e licenças

É bem verdade que enquanto algumas empresas não gostam de ver seus funcionários-chave se ausentando por semanas, outras já enxergam o descanso dessas peças importantes de sua engrenagem como períodos de recomposição. As últimas objetivam a volta desses funcionários como um motivador, já que estão mais descansados, dispostos e felizes. A fim de incentivar as saídas, há empresas que oferecem bônus específicos para férias, ou seja, quem sai de férias ganha um dinheirinho extra para gastar em passagens, hotéis, restaurantes ou com o que mais desejar. A premiação por tarefas bem cumpridas com viagens (em geral, com direito a acompanhante) também é uma prática relativamente comum que gera grande satisfação e repercussão interna. O auge, no entanto, são as licenças-maternidade e paternidade mais longas do que as previstas por lei (quatro meses para as mães e cinco dias para os pais).

Pela saúde dos funcionários

A importância da saúde dos funcionários é indiscutível para qualquer empresa. Na pirâmide de Maslow, o item aparece entre as necessidades inferiores, fisiológicas, vitais do ser humano, já que ninguém consegue produzir bem se estiver com dores e problemas de saúde. Para garantir o bem-estar físico dos funcionários, portanto, muitas empresas fornecem assistência médica. Outras disponibilizam também assistência odontológica, atendimentos internos agendados, médicos e enfermeiros de plantão e sessões de massagem gratuita (para aliviar a tensão ou dores localizadas dos funcionários).

A ginástica laboral, que costuma atuar especialmente na prevenção de estresse e lesões causadas por esforços físicos repetitivos, também tem sido uma prática comum, assim como os esforços para manter boas condições de ergonomia nos móveis e equipamentos utilizados no dia-a-dia desses profissionais. Programas de orientação relacionados a nutrição, obesidade, prevenção de doenças sexualmente transmissíveis, uso de drogas, estresse, prática de exercícios físicos etc. também têm sido comuns em empresas com iniciativas voltadas para a saúde dos funcionários.

QUALIDADE DE VIDA NA AVON

Tendo em mente a saúde e o bem-estar de seus mais de 4 mil funcionários, a Avon criou, em 1997, o programa Qualidade de Vida. Atuando em diversas frentes, a iniciativa dá grande importância à saúde dos funcionários. Entre outros aspectos, dá a eles acesso à orientação nutricional, atendimento ginecológico na própria empresa e programas de auxílio a dependentes químicos e fumantes.

O programa Dependência Química, por exemplo, trata o assunto como uma doença e orienta os líderes e supervisores sobre a melhor maneira de lidar com funcionários dependentes. Se for preciso, a empresa custeia a participação dos dependentes em grupos de apoio, internação e acompanhamento. Já o programa Qualidade de Vida Sem Fumo promove campanhas anuais antitabagismo. Os interessados podem participar de grupos de apoio e de reuniões esclarecedoras sobre o assunto, freqüentar atendimento médico individual e receber orientações sobre os possíveis métodos que ajudam a deixar o vício. Quem se dispõe a largar o cigarro recebe da empresa o custeio de eventuais medicamentos utilizados na empreitada.

Pelo lazer e tempo livre dos funcionários

Independentemente do grau de satisfação de um funcionário, é impossível que ele se realize completamente apoiando-se apenas na vida profissional. Trabalhar e ganhar dinheiro jamais serão as únicas fontes de felicidade de uma pessoa. É imprescindível que todos tenham a oportunidade de desenvolver outros interesses, relacionar-se com a família, com amigos ou praticar qualquer atividade que lhes desperte outros estímulos. A empresa tem papel fundamental nessa realização pessoal dos funcionários, pois ao possibilitar a eles tempo livre, permite-lhes equilibrar as horas trabalhadas com as de lazer. Muitas organizações incentivam diretamente as atividades extras. Confira algumas práticas adotadas no mercado:

• A empresa Schering do Brasil já firmou convênios com cinemas, parques de diversões, livrarias e academias, visando estimular os funcionários a participarem de atividades diversificadas de lazer.

• Determinadas organizações têm clubes próprios ou áreas de lazer (com campo de futebol, churrasqueira, piscina, jardim, *playground* etc.), liberadas nos finais de semana para os funcionários e seus familiares.

• Muitas empresas fazem de tudo para não estender a permanência dos funcionários além do horário do expediente. Para isso, estabelecem um "toque de recolher" ao final do dia e a saída antecipada às sextas-feiras ou em vésperas de feriado, com jornadas de trabalho flexíveis ou mesmo com a realização de determinados trabalhos em casa (dentro do horário comercial, é claro). Outra atitude praticada por algumas organizações é limitar as viagens a trabalho de quem as faz com freqüência e, na medida do possível, revezar os indivíduos que exercem essa prática (compensando-os no regresso com dias livres).

TEMPO PARA DORMIR

Nos mais diversos segmentos do mercado é comum encontrar profissionais sem tempo nem cabeça para conseguir dormir. As empresas devem ter em mente que o tempo reservado para o sono, o descanso e a recomposição física de seus funcionários precisa ser levado a sério.

Além de ficarem suscetíveis ao estresse e a doenças a ele relacionadas, as pessoas não descansadas são muito mais propensas a cometer erros e, nas atividades rotineiras, têm chances bem maiores de sofrer acidentes. Entre os executivos, foi o tempo em que *workaholics* eram vistos como símbolos de sucesso. Hoje, o mundo dos negócios valoriza as noites bem-dormidas e pessoas despertas, saudáveis e bem-dispostas.

Incentivo à prática de esportes

O esporte aumenta a disposição de quem o pratica, melhora a circulação e o condicionamento físico, diminui o estresse e o risco de doenças cardiovasculares, obesidade, depressão, entre outras. No aspecto social, a maioria das práticas estimula o convívio com terceiros. Ainda que praticado isoladamente, o esporte beneficia indiretamente o convívio social, já que melhora o humor e eleva a auto-estima das pessoas.

Em termos profissionais, o esporte agrega uma série de valores aos praticantes, como capacidade de superação dos limites, aumento da persistência, perseverança, determinação, ousadia, dinamismo, versatilidade e comprometimento. Dependendo da modalidade, a pessoa ainda trabalha a habilidade de administrar o tempo e a capacidade física, aprendendo a lidar melhor com o planejamento e a superação de limites.

Para incentivar a prática de esportes e a movimentação física, as empresas podem estabelecer convênios com academias (mediante descontos para funcionários), montar academias internas, realizar sessões diárias de ginástica laboral, reservar salas para práticas de modalidades específicas (como ioga, ginástica localizada, alongamento etc.), incentivar o uso de escadas em vez de elevadores, promover torneios, jogos, campeonatos internos e assim por diante. A prática conjunta entre funcionários incentiva o companheirismo e a cumplicidade.

MINIPAUSAS PARA DESENFERRUJAR

Para incentivar a movimentação física ao longo do expediente e, conseqüentemente, reduzir focos de tensão, índice de estresse e lesões por esforços repetitivos, uma boa alternativa é orientar os funcionários para que façam uma breve seqüência de exercícios no próprio local de trabalho, aproximadamente a cada duas horas. Nesse caso, práticas que aliviam os esforços musculares devem ser sugeridas por fisioterapeutas e profissionais de educação física, com base nos movimentos e posturas predominantes em cada departamento. Para reforçar os ensinamentos, cartazes, folhetos e painéis ilustrando as seqüências podem ser distribuídos ou fixados em locais bem visíveis para os funcionários.

NA HORA DE CONTRATAR

Pensando no presente e especialmente no futuro da empresa, a melhor estratégia para alimentar o clima positivo é contratar apenas pessoas bem-humoradas, otimistas, com espírito de equipe e colaboração. Às vezes, as qualificações profissionais de determinado candidato se encaixam perfeitamente nas necessidades da empresa; ainda assim, se ele não se mostrar atraente em termos de comportamento, vale a pena resistir à tentação de contratá-lo. É fundamental ter a consciência de que um funcionário com qualificações parciais, mas astral elevado, pode gerar, no longo prazo, muito mais lucro para a empresa do que alguém que resolva alguns problemas de imediato, porém gere outros maiores posteriormente. Conforme já foi dito, o funcionário mal-humorado — especialmente ocupando cargos de chefia — atua como disseminador de insatisfação e é capaz de contaminar e prejudicar os que o cercam.

Mas como fazer para identificar o humor de uma pessoa e acertar na contratação? Do ponto de vista do contratante, o humor do candidato pode se revelar em entrevistas baseadas em competências, dinâmicas de grupo e testes psicológicos. Nas dinâmicas de grupo, por exemplo, os candidatos são incentivados a participar de jogos que os deixam relaxados, à vontade para expor suas emoções, competências e características de personalidade. É bem verdade que candidatos mais "escolados" podem tentar camuflar algumas características pessoais, mas quando são realizadas seleções com várias etapas classificatórias, seu temperamento, mais cedo ou mais tarde, acaba despontando.

Em uma situação de recrutamento profissional, a receptividade dos candidatos para o humor pode ser avaliada por meio da observação de alguns aspectos:

Uso do humor

Durante o processo de recrutamento, a pessoa praticou espontaneamente alguma forma de humor? Fez algum tipo de brincadeira com os entrevistadores ou com os outros candidatos? No caso de a pessoa ter feito isso, é bastante relevante saber se foi um humor saudável e positivo. Se o objetivo é avaliar o humor como um aliado no ambiente de trabalho, qualquer tipo de humor negativo (como sarcasmo ou aquele humor baseado em preconceitos e humilhações de terceiros) deve depor contra o candidato.

O papel do humor na vida do candidato

Outra maneira de avaliar a receptividade de uma pessoa ao humor é fazer questionamentos sobre o papel exercido pelo humor em sua vida. As perguntas podem ser diretas ou indiretas; neste último caso, a idéia seria conversar um pouco sobre o gosto por comédias, atividades e outras referências que divertem o candidato em questão.

Capacidade de rir de si mesmo

Em geral, a capacidade de uma pessoa rir de si mesma é diretamente proporcional à sua auto-estima e à abertura para brincadeiras. Quando está presente em alguém, essa característica manifesta-se espontaneamente. As oportunidades para que ela venha à tona surgem nas entrevistas e dinâmicas de grupo (independentemente dos assuntos nelas tratados).

Reação a brincadeiras de terceiros

A resposta de uma pessoa a brincadeiras diversas, seja de outros candidatos ou dos entrevistadores, é mais um indício de sua abertura para o humor.

A avaliação desse aspecto é relativamente fácil, já que basta o avaliador verificar a reação dos candidatos (a apresentação dos estímulos pode ser feita oralmente ou em citações, cartazes, quadrinhos, dispostos em meio a qualquer atividade do processo seletivo), na hora em que apresentar qualquer estímulo humorístico.

SE VOCÊ É O CANDIDATO...

Se você estiver pleiteando uma vaga, é bom preparar o espírito com antecedência e munir-se de bom humor. Nos processos de seleção, muitas vezes os contratantes não verbalizam interesse por funcionários com essa característica específica (até por não terem consciência explícita dessa preferência). Pedem pessoas comunicativas, seguras, confiantes, flexíveis, com energia, capacidade de liderança, facilidade para trabalhar em equipe, mas são capazes de reprovar um candidato com todas essas qualidades, sob o argumento de que ele "parece mal-humorado".

COMO ANDAM O HUMOR E A SATISFAÇÃO DOS FUNCIONÁRIOS?

Como andam o humor, a motivação e o ânimo de quem participa do andamento diário de sua empresa? Será que os funcionários estão satisfeitos? Será que os talentos e personagens-chave de seu negócio pretendem manter-se na empresa? Os chefes de departamentos são benquistos? Que visão eles têm da organização? Será que a filosofia maior da empresa está sendo colocada em prática nas operações rotineiras?

Para os dirigentes conhecerem as verdadeiras impressões dos funcionários em relação ao que acontece nos vários microambientes de trabalho de uma empresa e, assim, detectarem os pontos fortes e fracos da organização, a pesquisa de clima organizacional é uma ferramenta fundamental. Ela aponta a percepção que as pessoas têm da empresa, em termos de gestão, políticas, práticas, estilo de liderança e outros aspectos, possibilitando a avaliação do clima da organização como um todo. Por meio das pesquisas, os dirigentes tomam conhecimento do impacto que as ações de gerenciamento estão tendo sobre as pessoas, com destaque para suas repercussões em termos de motivação, imagem da empresa e credibilidade.

Existem organizações especializadas em realizar e interpretar pesquisas de clima organizacional. E, para conhecer o clima em um ambiente de trabalho, o primeiro passo é analisar as particularidades da empresa: sua cultura, as operações diárias, o momento vivido, entre outras. Com base no entendimento do negócio e atentando para eventuais mudanças processuais recém-implantadas, monta-se um questionário que poderá ser respondido por todos os funcionários.

Todos devem ter a oportunidade de responder à pesquisa (embora ninguém deva ser obrigado a fazê-lo), e antes que esses funcionários tenham acesso ao questionário, é importante explicar-lhes sua finalidade. De acordo com a experiência da empresa de consultoria Hay Group no Brasil, é comum cerca de 85% dos funcionários responderem às pesquisas. Respostas em percentual muito inferior costumam representar problemas, como falhas na comunicação (ao convocar os empregados para participarem da pesquisa), falta de confiança dos funcionários em relação à empresa, descrença dos funcionários etc.

O CONTEÚDO DA PESQUISA

Para avaliar a percepção dos funcionários sobre determinada empresa, a pesquisa de clima organizacional aborda uma série de temas, como remuneração, estilo de liderança, ambiente físico de trabalho, projetos de carreira e oportunidade de crescimento. São aspectos que, ao lado de vários outros, determinam o quanto os empregados se orgulham da empresa onde trabalham, seu grau de motivação e o quanto acreditam no futuro e no presente da empresa, bem como nas informações que lhes são passadas. Tomando como exemplo as pesquisas realizadas pelo Hay Group no Brasil, os principais aspectos analisados são:

Processos

Essa parte da pesquisa mostra a visão que os funcionários têm sobre as políticas de remuneração da empresa, os benefícios oferecidos e a gestão de desempenho (se eles se consideram adequadamente avaliados e reconhecidos por seu trabalho, por exemplo). Mostra, ainda, se eles vêem na organização canais abertos de comunicação, se consideram seguras suas condições de trabalho e se sentem que têm oportunidade de treinamento e desenvolvimento profissional.

Estilo de liderança

O estilo de liderança aponta, de acordo com o ponto de vista dos funcionários, como o líder desenvolve, compromete, envolve e monitora a equipe e estabelece metas. Para isso, são avaliados, por exemplo, o *feedback* e o reconhecimento relativos ao desempenho dos funcionários, a clareza na definição das tarefas a serem realizadas, o investimento em treinamento para os funcionários, o apoio, o suporte e a orientação que os líderes fornecem nas tarefas diárias e o tratamento dos funcionários conduzido com justiça, honestidade e imparcialidade.

Direcionamento da empresa

Nesse item os funcionários apontam para a percepção da empresa quanto a uma estratégia clara e alinhada, com objetivos e prioridades bem definidas, competência na execução das tarefas diárias e agilidade de ações e decisões. Também avaliam o relacionamento com fornecedores, clientes e comunidade.

Qualidade de vida

Esse quesito mostra se os funcionários estão satisfeitos com a qualidade de vida que levam na empresa em questão. Eles são questionados em relação ao equilíbrio entre a vida pessoal e profissional, aos benefícios que os programas de incentivo da empresa trazem para sua vida e aos níveis de estresse que enfrentam no dia-a-dia profissional.

Credibilidade

Como está a credibilidade da empresa diante dos funcionários? Para responder a essa pergunta, os funcionários são questionados quanto ao futuro da organização (se vêem com otimismo ou pessimismo) e quanto à credibilidade das informações passadas pelos líderes e pela direção da empresa. A crença de que o futuro da empresa será bom é fundamental. Quando os funcionários não sentem isso, quando estão pessimistas em relação ao futuro, isto costuma ser um sinal de que o clima interno está extremamente abalado.

Motivação

A avaliação da motivação indica se o funcionário gosta do que faz, se se sente valorizado, tem orgulho de trabalhar para a empresa em questão, enxerga cooperação e espírito de equipe entre os companhei-

OS MELHORES CLIMAS GERAM OS MELHORES RESULTADOS

O resultado da percepção das pessoas em relação aos aspectos abordados na pesquisa organizacional revela o clima interno da empresa e o grau de satisfação dos funcionários. Como já foi dito, o clima positivo geralmente repercute em ambientes com pessoas satisfeitas, de bom humor e alto índice de motivação. Em um levantamento realizado pelo Hay Group no Brasil em 185 empresas, as 35 com melhores resultados de clima apresentaram também maior rentabilidade sobre o patrimônio líquido (25% superior às demais) e maior margem líquida de lucro (38% superior às demais), estabelecendo uma relação direta dos melhores climas com os melhores resultados.

ros, está motivado e se considera os outros funcionários também motivados. Na sutil diferença entre esses dois últimos questionamentos está um interessante exemplo de interpretação de respostas. Nas empresas com melhores resultados quanto ao clima, é muito pequena a diferença de percepção dos funcionários em relação às questões "as pessoas estão motivadas" e "eu estou motivado"; nas organizações em crise, os funcionários nem sempre assumem estar desmotivados, mas com freqüência apontam para a desmotivação de terceiros. Isto acontece por ser comum as pessoas não assumirem determinadas impressões, mas preferirem colocar suas sensações na pele dos outros.

AS CONSEQÜÊNCIAS DA PESQUISA

Depois de aplicada a pesquisa, os resultados são tabulados e agrupados em temas. Se o responsável pelo trabalho tiver um banco de dados, com resultados de pesquisas anteriores da própria empresa ou de outras do segmento, é interessante comparar os índices para que os dirigentes tenham uma idéia relativa do desempenho da empresa. Se o banco de dados do pesquisador for abrangente, é interessante conhecer os resultados alcançados pelas melhores práticas do mercado em cada um dos itens avaliados, de modo que se tenha um parâmetro do potencial a ser melhorado em cada uma das categorias analisadas. Por meio do cruzamento dos dados, a pesquisa permite que a organização tome conhecimento de seus pontos fortes, pontos críticos e aspectos que apresentam grandes possibilidades de melhoria.

A pesquisa só tem sentido se houver continuidade. Sua análise e interpretação permitem que se tenha uma visão bastante clara dos pontos a serem trabalhados na empresa. Na análise, é importante levar em conta que se os funcionários estão se sentindo lesados por um ou outro aspecto negativo (decorrente de uma mudança recente, por exemplo), isto pode influenciar sua visão global com relação à empresa e, conseqüentemente, prejudicar todos os outros resultados da pesquisa. Também não se deve ignorar as condições políticas e econômicas que o país atravessa no período em questão, já que esse cenário invariavelmente afeta os resultados, as ações e o clima interno das organizações.

Concluída a análise da pesquisa, é interessante divulgar para os funcionários os resultados obtidos — sejam eles bons ou ruins. Além de ser um exercício de humildade para os executivos da empresa, essa atitude revela aos funcionários a transparência no reconhecimento de seus pontos críticos e os expõe para discussão e melhoria. A transparência, vale lembrar, é um dos pilares de um bom clima interno.

Para tirar proveito dessa ferramenta organizacional, enfim, é preciso estudar as ações e providências capazes de reverter os aspectos negativos levantados. Em geral, as mudanças alteram as impressões dos funcionários a médio ou longo prazos — são raros os casos de melhoria imediata. De qualquer modo, as repercussões das ações colocadas em prática costumam ser avaliadas nas pesquisas de clima subseqüentes.

QUANDO DEVE SER FEITA UMA PESQUISA DE CLIMA ORGANIZACIONAL?

Em geral, a pesquisa pode acontecer independentemente do momento que a empresa esteja vivenciando. O que determina sua necessidade é o interesse dos dirigentes em conhecer e gerenciar o ambiente interno a favor da estratégia por eles traçada. Ainda que o ambiente interno seja aparentemente excelente, a pesquisa consegue trazer de maneira bastante precisa e exata o que de fato está excelente e o que ainda pode ser melhorado. Todo dirigente corre o risco de assumir que determinada área da empresa vai bem, sem as coisas estarem exatamente como imagina.

Às vezes as pesquisas apontam dados curiosos, como o clima interno absolutamente discrepante em determinados departamentos de uma mesma empresa.

Além das diferenças decorrentes das funções exercidas pelos funcionários dos setores em questão, essa diferenciação costuma se dar, entre outros aspectos, pelo estilo gerencial dos respectivos líderes. Resultados desse tipo mostram que mesmo submetidos a valores e políticas empresariais idênticos, os funcionários têm sua satisfação, humor e motivação fortemente condicionados ao comportamento dos seus supervisores diretos. Daí a importância das pesquisas de clima organizacional, que mostram à direção o que realmente ocorre em cada uma das unidades da organização.

Uma vez que as empresas, as pessoas e o mercado vivem em constante transformação, é importante haver uma continuidade na aplicação da pesquisa: um levantamento isolado não fornece parâmetros comparativos nem permite a avaliação dos índices apontados em ascensão ou decadência. Para isso, uma boa freqüência de aplicação deve se dar a cada dois anos.

O QUE VOCÊ QUER TER NO CURRÍCULO?

Conforme foi visto ao longo deste livro, a vida profissional, assim como a pessoal, pode ser levada de diversas maneiras, e é você quem estipula o grau de satisfação no seu dia-a-dia. Executivo, estagiário, supervisor ou operário, todo profissional tem a capacidade e o dever de escolher o próprio caminho. E como seria bom se todos escolhessem um caminho de satisfação!

Se você anda sempre mal-humorado e insatisfeito com alguns aspectos da sua vida profissional, é hora de mudar. De acordo com as possibilidades oferecidas por seu cargo, procure colocar mais humor na rotina; tente transformar seu ambiente de trabalho. Se em sua empresa isto não é possível ou se você está insatisfeito com a profissão, pense em se recolocar, mudar de mercado. Trace um projeto bem estruturado, prepare-se e encare o desafio.

Para quem está começando, a recomendação é para que faça escolhas cuidadosas, busque cair em boas mãos desde o princípio. Nas entrevistas de emprego, não seja apenas o candidato, seja um avaliador também. Verifique se a atmosfera e a filosofia da empresa o agradam. As pessoas que nela trabalham parecem satisfeitas e se tratam com respeito mútuo? Em geral, quem está começando a vida profissional ainda não tem compromissos financeiros grandiosos; logo, tem a oportunidade de caprichar nas escolhas. Por não terem vícios nem referências profissionais, é importante que os iniciantes ingressem no mercado ao lado de pessoas que estejam de bem com a vida; desse modo, terão muito mais chance de se tornar profissionais positivos.

Para os executivos, é fundamental lembrar que funcionários felizes trabalham melhor, são mais criativos, cooperativos, empenhados e produzem muito mais. Sendo assim, iniciativas em prol da melhora do clima no ambiente de trabalho, que deve ser descontraído e alegre para os funcionários, devem ser vistas como investimentos.

Seja você quem for, dentro de sua própria empresa ou como funcionário, assuma hoje mesmo um compromisso com a felicidade. Cuide bem de sua rotina, exerça a paixão pelo que faz e deixe isso transparecer para todos que o cercam. Com muito empenho e bom humor, você certamente construirá um currículo repleto de sucessos, conquistas, realizações e diversões.

SOBRE AS AUTORAS

Sócia-diretora da Só Talentos, empresa de prestação de serviços em seleção e desenvolvimento de trainees e estagiários, **Julia Alonso** nasceu em São Paulo, no ano de 1965. Formada em Psicologia, com pós-graduação em Administração e MBA em Marketing, trabalha com Recursos Humanos desde 1990. Sua vivência profissional reúne experiências em recrutamento, seleção, treinamento de pessoal e orientação de carreira. Ao longo de sua carreira, tem tido a oportunidade de conhecer de perto a filosofia de diversas empresas, como Ford, Pão de Açúcar, BG do Brasil, Submarino, Alcoa, Saint-Gobain, Vivo, Santander Banespa, Eternit, Cargill, Suzano Papel e Celulose, Blockbuster etc.

Nascida em São Paulo, em 1975, **Marina Vidigal** é formada em Publicidade e Propaganda, pela USP, e em tradução pela Associação Alumni. Desde 1996 atua como jornalista, fazendo reportagens, textos e pesquisas nas mais diversas áreas. Já escreveu artigos para uma série de revistas (das editoras Abril, Globo, Europa e RMC) e desde 2000 tem atuado também na área de pesquisa e redação para editoras de livros. Em 2005, lançou pela Panda Books seu primeiro livro *Próximo destino: Marte*.

IMPRESSÃO E ACABAMENTO